SAYURI's Food for Yogis & Everyone

さゆり's ヨギーのごはん

Acknowledgements

この本を作るきっかけとなった
リトリートや旅先で出会った世界中の友達に、
私の作る料理と私自身の内にある愛の
すべての源となる
無限の愛を与えてくれた父と母に、
そしてこの本を手にしてくれたみなさんに、
愛と感謝を込めて。

2015年　さゆり

Contents
目次

著者について……6
はじめに……8

ベジタリアンのいろいろ……10
お料理を始める前に……12
道具と機器……14
キッチンの常備品とビーガンでの代用品……16

基本のテクニック＆下ごしらえ……20

基本のアーモンドミルク……21
豆腐の水切り……22
野菜のみじん切り……22
刻みにんにくのオイル漬け……23
液体甘味料（シュガーシロップ）……23
玄米のおいしい炊き方……24
雑穀の炊き方……25
豆の調理方法……27

ドリンク……28

マンゴーシェイク……29
グリーンスムージー……29
カカオシェイク……29
いちごとクコの実のミルクシェイク……29
マサラチャイ ～インド風ミルクティー～……31
グリーンミルクティー……31
スパイシーホットチョコレート……31

ディップ＆クラッカー……32

キャロットディップ……33
ごま豆腐チーズ……33
カシューサワークリーム……33
チャパティでトルティーヤ……35
オーツビスケット……37

スープ……38

タイ風かぼちゃのココナッツのスープ……39
ビーツのデトックススープ……41
癒しのお味噌汁……42
ダール豆のスープ……43
バジル風味のトマトスープ……44
モロッコ風スープ……45
ベトナム風フォースープ……47

サラダ＆ドレッシング＆万能ソース……48

ギリシャ風サラダ with 豆腐フェタチーズ……49
中華風バンバンジーサラダ……51
ロースト野菜とキヌアのあったかサラダ……53
禅そばサラダ……55
バリ風ガドガドサラダ～蒸し野菜とバリ風ピーナッツバターソースのあったかサラダ～……57
イチジクのバルサミコドレッシング……58
和風ドレッシング……58
フレンチドレッシング……59
イタリアンビネグレット……59
タヒニソース……61
カシューマヨネーズ……61
即席フレッシュケチャップ……62
リタのココナッツチャツネ……63

サラダトッピング……64

ごま塩……65
タイ風ピーナッツ……65
南インド風カシューナッツ……65
カシューナッツ・パルメザン……67
ブラジリアンナッツ・パルメザン……67
クリスピー・オニオン……67

サイドディッシュ……68

ベトナム風 生春巻き スイートチリソース添え……69
スイートチリソース……69
南インド風 ひよこ豆スナック……71
テンペの生姜味噌炒め……73
豆腐ピザ……75

サンドイッチ＆ベジバーガー……76

豆腐バーガーサンドイッチ……77

和風照り焼き豆腐ハンバーグどんぶり……78
照り焼き生姜だれ……78
テンペバーガー……79
タイ風コーンとピーナッツのパテ with スイートチリソース……81

ラップサンドとトルティーヤディッシュ……82

メキシカン・ブリトー……83
メキシカンチリビーンズ……85
ロークルミのメキシカンタコミート……86
パイナップルサルサ……87
ワカモーレ……87
地中海プレート……89
ファラフェル……89
ババガヌーシュ……90
ハモス……91
タプナード……91
クスクスでタブーレサラダ……93
イタリアン・トリコロール……95
ドライトマトのマリネ……96
豆腐リコッタチーズ……97
エスニックピーナッツ味噌ロール……99
テンペの照り焼き……99
ピーナッツ味噌ソース……99
トルティーヤでスナックピザ……101

お寿司と海苔巻き……102

基本の海苔巻き……103
お米不使用！テンペ海苔巻き……104
ごまだれ……104
ローでツナ風海苔巻き……105
ヒマワリの種でツナ風パテ……105

イタリアンパスタとエスニック風アレンジ……106

パスタの茹で方……107
ナスとオリーブのトマトソースパスタ……109
トマトソース……109
マッシュルームのクリームパスタ……111
ホワイトソース……111

ひじきとテンペマリネのパスタ……113
しそと梅干しの和風パスタ……115
ローズッキーニパスタと3種の基本ローソース……117
フレッシュバジルペスト……118
カシューチーズソース……118
簡単ロートマトソース……119

お気に入りアジアン料理……120

中華風 豆腐と野菜の甘酢あん……121
バリ風テンペの串焼き ピーナッツソース添え……123
焼き春巻き ピーナッツたれ添え……125
韓国風コーンと大根のチヂミ……127
タイ風 焼きそば パッタイ with 豆腐エッグ……129
タイ風 春雨サラダ ヤムウンセン……131
ほうれん草と豆腐チーズのインドカレー パラクパニール……133
サブジ ～インド風野菜の煮込み～……135
インド風 焼きナスのココナッツソース……137

デザート＆朝食スイーツ……138

そば粉のパンケーキ 焼きバナナと豆腐ホイップクリーム添え……139
豆腐ホイップクリーム……139
デーツ・バー……141
グラノーラ……143
チョコレートバナナマフィン……145
ピーナッツバター＆ブルーベリージャムスコーン……147
簡単チョコレートパイ……149
絶品豆腐チーズケーキ……151
キャロットケーキ with 豆腐ホイップクリーム……153
チョコファッジボール……155
ピーナッツバター・ボール……155

用語集……156

About the Author

著者について

田中さゆり

リトリートオーガナイザー / シェフ＆ローフード講師
1975 年生まれ

　リトリートではローフードやビーガン（ヴィーガン）フード、マクロビオティックなど、必要に応じての料理で心も身体もハッピーで健康になる食事を提供する。
　シェフとして食べ物を通じて人々が身体を養い、心を開くように導くと共に、講師として食により身体的・精神的にポジティブな変化を生むことをわかりやすく伝える。
　インドにて 5 年間ヨガリトリートを、バリにて 3 年間ヨガティーチャートレーニングの専属シェフを努めた後、現在バリ島に拠点を置き "the Seeds of Life" を設立。ヨガリトリート専門のシェフとして又講師として、バリ島、日本、インドをはじめ、アメリカ、ヨーロッパほか世界中で活躍中。自らもヨガの実践者であり、ヨガと食にフォーカスしたリトリートやトレーニングも企画。メニューコンサルタント＆レストランマネージメントビジネスも手がける。料理教室やトレーニングを通して、人々に健康的で、地球にも、地球の未来にとっても継続可能な意識の高いライフスタイルを提案する。
　"ヨガが新しいポジティブな変化を作るように、彼女の料理もあなたを変化させます！"

http://www.sayuritanaka.com
tanaka.sayuri@gmail.com

Foreword

はじめに

　世界を旅し、各国のリトリートセンターでヨギーに作ってきたヘルシー料理の中でも、特別に人気のある美味しくて栄養価が高い簡単なレシピを集めました。多くの方に楽しんでもらえるように、全てのレシピがビーガン対応であり、アレルギーのある方にも作ってもらえるようにと、代用品を記しています。新鮮な果物や野菜をたくさん使用し、お豆やお豆腐、テンペ、ナッツやシードなどで、ベジタリアンやビーガンでない方にも美味しく楽しんでもらえるように工夫しました。さらに、新しい食のスタイルである、ロー・リビングフードのイントロダクションとして、簡単なレシピがあちらこちらで登場します。しっかりとした満足のゆく食事が必要なお父さんにも、楽しく、体に負担のない優しい食事で、お子さんにもご年配の方にも喜んでもらえる、しかも簡単なので主婦には1石で3鳥も4鳥も落とせるくらいのレシピ集です。

　私にとってお料理はアートであり、私が最もクリエイティブになれるときです。とくにビーガンやローフードのお料理は想像力が必要で、だからこそもっと楽しい。あれやこれがないからあれもこれも作れない‼︎ なんて思わないで。想像力を膨らませれば、お料理の幅は無限に広がります。驚くようなレシピや、これでできるの？ なんて思う人もいるかもしれないけど、是非チャレンジして欲しい！ レシピは単にガイドラインです。あまりレシピにある分量や材料にとらわれなくても大丈夫。思い切って、大胆に、材料やフレーバーを足してみたりと、あなたのオリジナルの味を見つけてみてください。

　料理にはあなたの心が映し出されます。ですから、どんな思いでお料理をするのかはとても大切です。愛情を込めて用意されたお食事は格別に美味しいですよね。

　味覚や、その人に必要なものは人それぞれによって、季節によって、住むところによって、そのときの気持ちによって違うものです。ですからあなたの直観を信じて、身近で旬の食材を使って楽しんで作りましょう。

　できる範囲でオーガニックの材料を選ぶことはとても大切です。化学調味料や添加物を避けることは、身体を守るためだけではなく、環境や有機農家をサポートすることにつながります。ビーガンのライフスタイルを選択することは、生き物の命を尊重し、地球の資源を無駄にしないということでもあります。自然と調和を保った食事を提供するということは、あなた自身の心と身体に良いのはもちろん、あなたの作品を食べてくれる人と母なる大地とをつなげる橋渡しにもなるのです。だから料理って本当に素晴らしい！

　私はこのような"食事を人に提供できる"という喜びに仕事として巡り合えたことに心から感謝しています。そして皆さんがおいしいといって食べてきてくれたことが、毎日のエネルギーとして、私を養ってきてくれました。この本は、お料理することの喜びを、そしてとりわけ、誰かにおいしいご飯を作ってあげることの喜びをシェアするために作りました。この本から、食べ物が本当の意味での心と体、そして精神を養ってくれるということを感じでもらえれば何よりです。

　まずはお料理することを楽しんで、自分自身を健康でハッピーに。そして家族や友人を、お腹いっぱいでハッピーにしてあげましょう。より良い世界と未来のために、あなたの選ぶライフスタイルがとっても重要であることを心に留めておきましょう。ヨガが私たちに大きな変化をもたらしたように、食事も私たちを新たな世界へと導いてくれるでしょう。

photo by MILLA

The Many Varieties of Vegetarians

ベジタリアンのいろいろ

　ベジタリアン（vegetarian）とは、現在では動物性食品を摂らない菜食主義者として広く理解されていますが、もともとラテン語のvegetus（活気のある、生命力にあふれた）に、人を表す語尾であるtarianを合わせてつくられた言葉であるとされています。

　健康、道徳、宗教など、様々な理由から、その食事法を選択し、単に植物性食品を摂るだけに留まらず、非暴力、動物愛護、環境保護、倫理道徳などの主義、思想を持った生き方を反映した食生活です。

　ベジタリアンの中でも、ビーガン（vegan）とは、倫理的、環境的哲学を持ち、乳製品や蜂蜜などの間接的に動物に由来する食品をとらない人たちのことです。中には革製品などの着用、実験に動物を使った化粧品など、食用以外の動物の利用も避ける人々もいます。

　日本では、マクロビオティックがビーガンの食事法に近いのではないでしょうか。マクロビオティックでは基本的に、肉、卵、乳製品などが陰陽を乱すとされるために避けるという点では、海外のビーガンとは、思想的に相違があることもありますが、食事法的には似通ったものがあります。

　マクロビオティックの考え方とは、万物は陰陽から成るという考え方にともない、この陰性と陽性のバランスがとれた状態（中庸）が健康のために大切であるとしています。

　マクロビオティックの食事は、身土不二（暮らす土地の旬のものを食べる）、一物全体（自然の恵みをまるごといただく）という原則を用い、穀物や野菜、海藻などを中心とする日本の伝統食をベースとした食事により、自然と調和をとりながら、医食同源、健康な暮らしを食から実現する考え方です。※

　その他、ベジタリアンの中でもペスカタリアン（魚を摂る）、ラクトベジタリアン（乳製品を摂る）、オボベジタリアン（卵を摂る）などの分野もあります。

　また、宗教的に、インドではピュアベジタリアン（乳製品は取るが卵は取らない）や、日本での仏教系の菜食主義は、精進料理の伝統として受け継がれています。

　生きたままの、非加熱・未加工の食べ物を積極的に取り入れる食事法をロー・リビングフードと言います。ローフード実践者には、動物の肉やその他の動物性食品を食べる人もいますが、この本で提案するローフードはビーガンです。

　果物、野菜、海藻、ナッツや種子、醗酵食品、発芽食品などが主なロー・リビング・フードにあたります。食物酵素、好細菌、栄養素、生命力などをより多く取り入れることで、体と心、精神の健康と自然との調和を目指します。ビーガンやベジタリアンと同じく、単に食事法に留まらず、主義、思想を持った生き方として反映されます。

いろいろなカテゴリーがありますが、あまりタイトルにとらわれないで、人生の中での年齢、その時々の感情、季節、土地、生き方などにあった、あなたに必要な食事法を見つけてください。

　そして一番大切なのは、あなたの体と心が喜ぶ食事、そしてそれは必然的に地球も喜ぶ食事です。そこから少しずつ、食事が自身の思考や行動にも影響を及ぼし、同時に自らを取り巻く環境や出来事にも反映するという真実に気付くことができます。私たちの体は宇宙の反映であり、この内なる小宇宙を大切に扱うということは、外の宇宙全体の健康につながります。

　私の考える、良い食事とは、どんな食事法であれ、自然と調和し、自らの可能性を最大限に引き出してくれるものだと思っています。

　あまり堅苦しく考えず、作るプロセスを楽しんで、自然の贈り物に感謝して頂くことで、自然と健康的な食生活に導いてくれるはずです。

引用文献：

Ferre,Carl「What is Macrobiotics?」（2011年）『George Ohsawa Macrobiotic Foundation』
http://www.ohsawamacrobiotics.com/macrobiotics/what-is-macrobiotics （2014年9月15日）

Important Notes Before Starting

お料理を始める前に

■ 計量基準について

1 カップ　　＝　　200㎖（cc）
2/3 カップ ＝ 約 130 ㎖（cc）
1/2 カップ　＝　　100㎖（cc）
1/3 カップ　＝　約 60 ㎖（cc）
1/4 カップ　＝　　50㎖（cc）
大さじ 1　　＝　　15㎖（cc）
大さじ 4　　＝　　60 ㎖（cc）＝ 1/3 カップ
小さじ 1　　＝　　5㎖（cc）

注 1：本書では料理を簡単に楽しんでもらいやすいよう、計量はほとんど計量カップと計量スプーンを使用しています。

注 2：私が海外で作ったレシピを日本語に訳したものなので、海外の基本の計量カップ（1 カップ＝ 250㎖）を日本の計量カップでの計算に置き換えていて、時々 1/3 や 2/3 カップ等の計量がでてきます。1/4、1/2 に加え、1/3 と、2/3 のラインが入った計量カップがあると便利です。おすすめは OXO の計量カップです。上から数字が見やすく便利です。なければ上記の表より㎖（cc）で計算しても良いでしょう。

ナッツや種の分量は全て浸水前の分量です。浸水後に計量する場合は、浸水によりかさが増すため 1.2 ～ 2 倍で計算します（ナッツや種のそれぞれの浸水後の産出量は、テクニック章の浸水・発芽表を参照ください）。

■ 材料の代用品

この本は、私が海外で試してきたレシピの集大成です。出来る限り日本で入手可能なものを使っていますが、入手が困難な場合は、下記のように、身近な食材で置き換えて代用してください。
例として

食材	代替食材
タヒニ	白練りごま
カシューナッツ、マカダミアナッツ	白ごま
ニュートリショナルイースト	白味噌
ガランガル	生姜
ズッキーニ	蕪、大根
ピーカンナッツ	クルミ
ダルス 小さじ 2	海苔 1/4 枚
フラックスシードオイル	オリーブオイル
ココナッツオイル	白ごま油又はグレープシードオイル

食材の入手先については、P19 を参照ください。

■ 小麦粉の代用品

ここに示すのは、小麦粉を他の小麦を含まない粉又はグルテンを含まない粉で代用するアイデアです。使う粉によってくせや独特の風味があるので、アレルギーや食事制限等、その必要に応じて色々試して見てください。

小麦粉1カップを小麦を含まない粉で代用するには、単純に同量の小麦フリー粉（下記参照）で置き換えます。

グルテンを含まない粉で代用するには、（つなぎとなる卵を使用しないビーガン料理においては、他の）つなぎとなる要素を加える必要があります。
小麦粉1カップを、グルテンを含まない粉で代用するには、7/8〜3/4カップのグルテンフリー粉（下記参照）と、大さじ2〜4の下記のいずれかのつなぎとなる粉を使用します。

小麦フリー粉 （小麦を含まないが、多少のグルテンを含む粉）	スペルト粉、オーツ粉、大麦粉、ライ麦粉など
グルテンフリー粉 （小麦粉もグルテンも含まない粉）	アマランサス粉、そば粉、ひよこ豆粉、とうもろこしの粉（コーンミール）、ヒエ粉、アワ粉、キビ粉、キヌア粉、米粉、玄米粉、大豆粉など
つなぎとなる粉 （小麦粉もグルテンも含まない）	片栗粉、コーンスターチ、葛粉、タピオカ粉など

> **メモ**：グルテンフリー粉で代用する場合、ベーキングパウダーをやや多めに入れる必要があります。とうもろこしの粉はやや粒子が粗いのでざらつきのある仕上がりとなります。マフィンを作るときは、（小麦粉ほど膨らみが良くないので）、小さめの型で焼くことをお勧めします。

Equipment and Fun Gadgets

道具と機器

マンダリン・スライサー

ナッツミルク・バッグ

▌基本の道具

- 良いナイフとまな板
- ゴムベラ
- ボウルとザル
- 計量スプーンと計量カップ
- はかり
- 泡立て器
- ピーラー
- スライサー
- 寿司用のまきす
- 鍋、フライパン
- オーブン、オーブンシート
- マフィン型、ケーキ型、パイ型、タルト型（この本では23cmのケーキ型、パイ型、タルト型を使用）
- ナッツミルクバッグ又はガーゼ布やさらし：ナッツミルクを作るのに活躍します。
- 簡単なお気に入りのレシピ本

▌基本の機器

ハイパワーブレンダー

フード・プロセッサー

▌あったらいいもの

ジューサー

スパイラライザー

サラダスピナー

――――― 機器入手先 ―――――

- ハイパワーブレンダー
  バイタミックス：http://www.vita-mix.jp
  ブレンドテック：http://blendtec.greenharmonyliving.com/japanese.htm
- フードプロセッサー
  クイジナート：http://www.cuisinart.co.jp
  キッチンエイド：http://www.kitchenaid.jp
- 菜麺器
  ベンリナー：http://www.benriner.co.jp
- 低速圧縮絞りジューサー
  ゼンケン ベジフルⅡ：http://www.zenken-net.co.jp
  http://www.amazon.co.jp

ハイパワーブレンダー又はミキサー

スムージー、クリーム、スープ、ドレッシングなどに。私はほとんどの事をこれで済ませます。「バイタミックス」や「ブレンテック」といったメーカーのハイパワーブレンダーがおすすめです。特にローフードのレシピには一番出番の多い必須道具です。

フードプロセッサー

「クイジナート」「キッチン・エイド」といったメーカーをお勧めします。パテやペースト、ケーキやクッキーなどの行程を簡単にしてくれます。

ジューサー

この本では使用しませんが、ヘルシーライフスタイルを保つためのマストアイテム。低温圧搾絞りをお勧めします。毎日の朝のスタートをジュースで！

スパイラライザー

菜麺器ともいわれ、いろいろな野菜を麺状にする気の利いた道具です。特にお子様とお料理するには安全で楽しい道具です。

サラダスピナー

水分を良く切ると、ドレッシングが絡み易く、いつものサラダの仕上がりに大きな差がつきます。

Kitchen Staples and Vegan Alternatives

キッチンの常備品とビーガンでの代用品

生鮮食品に関しては、できる限り地元でとれたオーガニックの旬のものを選びましょう。調味料に関しても、できる限り良質なものをそろえましょう。オーガニックのたべものは、おいしいだけでなく、体にも優しく、地球にも優しい。命の宿る土を守る生産者を応援するのか、大量生産の巨大食品産業をより繁栄させるのか、食の選択はあなたの１票として、地球環境に大きなインパクトを持っていることをお忘れなく。後からの治療代により多くを費やすのではなく、オーガニック食品を選ぶことで、長い目で見た健康に投資することになるのです。私たちの個々の選択は、私たちの未来への大きな責任を担っているのです。

■**塩味**：海塩や岩塩、醤油又はたまり、白味噌、赤味噌など
塩は未精製の自然塩を選びましょう。グルテンアレルギーの方はたまりをご使用ください。白味噌はチーズ風味を、赤味噌はお肉風味を出すために活躍します。

■**オイル、バター**：オリーブオイル、ごま油、白ごま油、ココナッツオイル、フラックシードオイル（亜麻仁油）、グレープシードオイル、アーモンドバター、ピーナッツバター、白練りごま（タヒニ）等
オイルは未精製、低温圧搾のものを選びましょう。お菓子作りには、この本では、ココナッツオイルや、くせの少ない白ごま油やグレープシードオイルを使用しています。

> **メモ**：調理のためのオイルには、発煙温度（スモークポイント）が高いオイルの使用をお勧めします（ただし、市販の高熱抽出、水素添加された油［サラダ油等］でなく、低温圧搾のものを選びましょう）。（例えばココナッツオイル、アボカド油、または低温加熱調理にオリーブオイルなど）発煙温度を超えてオイルを加熱すると、体に有害となる物質が生成されます。どの油であれ、加熱しすぎないようにしましょう。
> サラダドレッシング用や仕上げに振りかけるには、抗炎症作用や、心血管系の健康で知られる、バランスの取れたオメガ３＆６不飽和脂肪酸を多く含む油を取り入れるのも良いでしょう（例えばフラックシードオイル、チアオイル、ヘンプオイル等）。これらの油は、熱に弱いため、加熱はお勧めしません。この本ではそれぞれのレシピに特定の油を使用していますが、あなたの好みや必要に応じてご自由に使い分けてください。

■酸味：米酢、リンゴ酢、バルサミコ酢、レモン汁等
市販のレモン汁を購入するときは、還元濃縮でない"ストレート"のものを選びましょう。

■甘味料：メープルシロップ、玄米水飴、甜菜糖、デーツ、ココナッツシュガー、きび砂糖等
できる限り未精製の甘味料を選びましょう。

> メモ：白砂糖は、必要な微量栄養素が無いだけでなく、極陰で体を酸性に傾け、カルシウムなどの体内のミネラルを奪います。体の免疫力、抵抗力が落ち、やる気を失ったり、疲れやすくなったり、体と心のバランスを乱すだけでなく、様々な病気の弊害を伴います。それに比べて、できる限り未精製の甘味料は、大切な微量栄養素が残っており、自然な甘味料として活躍します。
> この本では、それぞれのレシピに特定の甘味料を使用していますが、あなたの好みや必要に応じてご自由に使い分けてください。

■穀物・粉：玄米、キヌア、ヒエ、キビ、アワ、麦、クスクス、アマランサス、パスタ、ライスヌードル、そば、オーツ、小麦粉、スペルト粉、米粉、ライスペーパー、春巻きの皮などできる限り全粒、又は精製の少ないもの、新鮮なものを選びましょう。

> メモ：小麦の代用品についてはP13を参照。スペルト粉は古代小麦で、普通小麦よりも消化されやすく、小麦アレルギーが発症しにくいとされ、普通小麦よりはグルテン含有率が少ない小麦です。

■豆：ひよこ豆、金時豆、白インゲン豆、小豆、黒豆、レンティル、緑豆、春雨、豆腐、テンペなど

> メモ：テンペは、インドネシアが起源の大豆を加工しテンペ菌で固めたもので、大豆に比べ、醗酵の過程により消化されやすくなっています。独特の香りを持ちます。

テンペ

■ミルク：ナッツミルク、豆乳、ライスミルク、ココナックミルクなど

■乾物：のり、わかめ、ひじき、あらめ、こんぶ、干しいたけなど

■**ナッツと種子**：アーモンド、カシューナッツ、ココナッツ、マカダミアナッツ、松の実、カボチャの種、ヒマワリの種、ごま、クルミなど
できれば生のものを、少なくとも揚げたり塩味のついていないものを選びましょう。アーモンドはナッツミルクを作るのに大活躍します。カシューナッツは乳製品無しで、チーズやクリームを作るのに重宝します。

■**ドライフルーツ**：デーツ、レーズン、イチジク、クコの実など
無漂白のものを選びましょう。白味噌はチーズ風味を、赤味噌はお肉風味を出すために活躍します。

■**スパイス**：お気に入りをそろえましょう。クミン、コリアンダー、チリパウダー、チリフレーク、ハーブ（バジル、オレガノ、タイム、ローズマリーなど）、オニオンパウダー、パプリカ、カレーパウダー、シナモン、ナツメグ、カルダモン等は私の定番です。スモークパプリカ、スモークソルト、オニオンパウダーは簡単に味に深みを出すために活躍します。

■**その他**：寒天や葛粉は、動物由来のゼラチンの代用品となります。ベーキングパウダーは、アルミニウムの入っていないものを選びましょう。（右記参照）ニュートリショナルイーストは、チーズ風味を出すのに活躍します。（右記参照）カカオパウダー、ドライトマト、オリーブ、バニラビーンズ、バニラエクストラクト（右記参照）など。

メモ：ニュートリショナルイーストは、サトウキビと糖蜜で作られた殺菌済みの酵母です。チーズのような風味があり、ビーガンの間でチーズの代用として人気があります。風味はややかわりますが、白味噌で代用可能です。

ニュートリショナルイースト

アルミニウムフリー
ベーキングパウダー

寒天粉

葛粉

ニュートリショナルイーストの入手先

http://www.alishan-organics.com
http://jp.iherb.com

アルミニウムの入っていないベーキングパウダーの入手先

http://www.alishan-organics.com
http://www.naturalhouse.co.jp
http://www.cuoca.com

バニラエキストラクトとは、バニラビーンズから香りをアルコールで抽出したものです。バニラエッセンスで代用する場合は、バニラエキストラクト小さじ1に対して2、3滴で十分です。

バニラエキストラクトの入手先

http://www.alishan-organics.com
http://www.naturalhouse.co.jp
http://www.cuoca.com　等

生鮮食品（野菜や果物）入手先

近くのオーガニックマーケット、健康食品店、又は、宅配サービス

その他の食材入手先

オーガニック食材、スーパーフード
http://www.naturalhouse.co.jp
http://store.alishan.jp
www.ohsawa-japan.co.jp
www.lima.co.jp
http://www.livinglifemarketplace.com
http://www.rawfood-lohas.com
http://www.amazon.co.jp
http://jp.iherb.com

基本のテクニック＆
下ごしらえ

基本のアーモンドミルク

この本のレシピでは牛乳の代用として豆乳やライスミルク、ナッツミルクを使います。好みのものを使用していただいてかまいませんが、ナッツミルクは、案外簡単に自宅で作ることができ、市販のものより遥かに美味しく安く新鮮なので、是非一度作ってみてください。

材料

アーモンド……1 カップ（8 〜 12 時間浸水し洗って水を切る）
水………………………………………………………4 カップ

> メモ：基本的なナッツの水の比率は 1：4 ですが、お好みの濃さによって、水の量を加減してください。どんなナッツやシードでもできるので、いろいろ試してお好みのミルクを見つけて下さい。

1 全ての材料を、ブレンダー（ミキサー）で滑らかになるまで撹拌します。
2 ナッツミルクバッグ又はガーゼ布等を使用して絞り、ミルクとパルプ（搾りかす）を分けます。
3 お好みで少量の好みの甘味料、バニラエキストラクト、ひとつまみの塩を加えても良いでしょう。（オプション）
4 冷蔵庫で数日間保存できます。

> メモ：ミルクを絞った後のパルプ（搾りかす）は、バーガーなどに再利用できます。すぐに使わないのであれば、そのまま冷凍庫で保存し、あとから利用法を考えましょう。冷凍庫で 1 ヵ月以上保存できます。オーブンの低温（またはディハイドレーター乾燥機）で乾燥させ、ブレンダー（ミキサー）またはミルミキサーで粉末状にしておけば、小麦粉の代用としても使えます。

豆腐の水切り

ほとんどの豆腐のレシピには、水切りする工程が出てきます。豆腐の余分な水分を取り除き、崩れにくく、しっかりとした食感を作ります。豆腐を選ぶときは、絹ではなく木綿か固豆腐を選びましょう。

豆腐をペーパータオルや布巾で包んでから2枚のまな板で挟みます。

良く水がきれるよう重しをします。重しが軽すぎると時間がかかってしまい、重すぎると潰れてしまうので程よい重さのものを使用しましょう。

重さにもよりますが、30分～1時間で豆腐が約半分の厚みになります。

野菜のみじん切り

フードプロセッサーを使うことで野菜を簡単に手早く細かく刻むことができます。レシピに細かく刻んだり、みじん切りの工程がある時、私は良くフードプロセッサーを使います。ただし、あまり細かくしすぎないように注意しましょう。回しすぎてしまうとみじん切りではなく、野菜のピューレになってしまいます。また、野菜を一度に多く入れすぎるとフードプロセッサーが均等に回らず、そこの部分だけがピューレ状になってしまうので注意しましょう。

野菜がフードプロセッサーに入るように、適当な大きさに切ります。

フードプロセッサーを軽く回します。時々止めて、フードプロセッサー内の側面をゴムベラで時々軽くすくい取り、均等に野菜が細かくなるようにします。

刻みにんにくのオイル漬け

このレシピは、皮を剥いて刻んだにんにくを保存するのにとても良い方法です。

にんにくをみじん切りにします（ちなみに私はフードプロセッサーで数回軽く回してにんにくを刻みます。わずか数秒でできあがり）。

にんにくを煮沸消毒した保存瓶に移し、オリーブオイルまたは好みのオイルを注ぎます。変色、酸化を防ぐためにオイルで表面を完全に覆い、冷蔵庫で保存します。冷蔵庫で1ヵ月以上保存可能。

> **メモ：**レシピのニンニクは全て、この刻みにんにくのオイル漬けで代用できます。目安として、にんにく1片は小さじ1/2～1の刻みにんにくのオイル漬けに相当しますが、もちろんお好みで加減してください。

液体甘味料（シュガーシロップ）

甜菜糖やココナッツシュガーやきび砂糖などの顆粒状の甘味料は、液体状（シロップ状）にしておくと、メープルシロップなどの液体甘味料の代用に使用できるほか、どんなお料理にも、他の材料と混ざりやすいので便利です。

甜菜糖やココナッツシュガーやきび砂糖などの顆粒状の甘味料1カップに対して、水1/3カップを合わせて、完全に溶けるまでブレンダーで撹拌するか、弱火にかけ溶かします。冷蔵庫で1ヵ月以上保存可能。

玄米のおいしい炊き方

水加減、調理時間はあくまでも目安です。食べる人の体質、好み、又は炊飯器具の特徴によって調整してください。

炊飯器

1. 玄米を洗い、水を切ります。
2. 炊飯器具に移し、炊飯器にある玄米のメモリに従って水を加え、6時間以上または一晩、浸水させます。目安の水分量は米1に対して水が1.6です。炊飯器によって癖があるので、何度か試してみてください。
3. 浸水後、塩ひとつまみを入れ、スイッチを入れ炊きます。
4. 炊きあがった後、10分蒸らし、しゃもじで天地返し（右記メモ参照）をします。

圧力鍋

1. 玄米を洗い、水を切ります。
2. 圧力鍋に移し、水と塩ひとつまみを加えます。水の量は約1.2倍が目安です。浸水の必要はありません。
3. 圧力がかかるまでは強火で炊き、おもりが回り始めたら（ピンが上がったら）18〜25分弱火にかけます。おもりが回ってこない場合は、火加減が弱すぎるので、少し火を強めて調節します。
4. 最後に、30秒ほど強火にして水分を飛ばします。
5. 火から下ろして10分間蒸らし、しゃもじで天地返し（右記メモ参照）をします。

土鍋

1. 玄米を洗い、水を切ります。
2. 土鍋に移し、水を加えて6時間以上、又は一晩、浸水させます。水の量は1.5〜1.7倍が目安です。
3. 浸水後、塩ひとつまみを入れ、フタをして火にかけます。中火にかけ、沸騰したら弱火で約20分炊きます。水分が無くなってきたら土鍋の穴に栓をして、弱火で30分炊きます。
4. 最後に、30秒ほど強火にして水分を飛ばします。
5. 火から下ろして10分間蒸らし、しゃもじで天地返し（右記メモ参照）をします。

普通のお鍋で炊く

1. 玄米を洗い、水を切ります。
2. 鍋に移し、水と、塩ひとつまみを加えます。水の量は約 1.5 倍が目安です。浸水の必要はありません。
3. 中火にかけ、ふたをして、沸騰したら弱火にします。
4. 約 15 〜 20 分ほどで、水がなくなりはじめ、鍋底から、水分がなくなってパチパチと音がします。その音が聞こえたら、火を止めて、米の約 1.2 倍の冷水を回し入れます。しゃもじで、鍋底からかき混ぜます。
5. ふたをして、再び弱火で約 20 分、火にかけます。
6. 水分がなくなったら、火から下ろして 10 分間蒸らし、シャモジで天地返し（下記参照）をします。

> **メモ：** 天地返しとは、蒸らしあがったごはんを、しゃもじでほぐしながら、上下ひっくり返す技です。余分な水分を飛ばし、米粒がつぶれるのを防ぎ、全体を均一にし、お鍋の中の陰陽を均一にすると共に、炊きあがりのむらを防ぎます。

雑穀の炊き方

雑穀は、非常に栄養価の高い食材です。それぞれに独特の味・香り・食感があります。玄米に加えたり、お米の代わりの主食として、普段の食生活に取り入れみましょう。

ヒエ・キビ・アワ

1. 雑穀を洗い、水を切ります。
2. 雑穀の約 1.5 倍の水を鍋で沸騰させたなかに、雑穀と塩ひとつまみを加えます。浸水の必要はありません。
3. 弱火にしてへらで混ぜながら、水分がなくなり鍋底が見えるようになるまで煮てから、フタをしてごく弱火で 15 〜 20 分炊き、火から下ろして 10 分蒸らします。

高キビ・ハト麦・大麦

1. 雑穀を洗い、たっぷりの水に6時間以上、又は一晩、浸水させます。時間がない場合は、雑穀に熱湯を注ぎ、フタをして30分おきます。
2. 水を切って、雑穀と同量の水とともに鍋に入れて強火にかけ、ふたをします。
3. 煮立ったあと2〜3分してから弱火にして約20分炊きます。
4. 火からおろして10分間蒸らし、しゃもじでさっくりとほぐします。

蕎麦の実

1. 蕎麦の実を洗わずそのまま厚手の鍋に入れ、中火で香りが立つまで煎ります。
2. 蕎麦の実の約1.8倍の水を、別の鍋で沸騰させた中に、蕎麦の実と塩ひとつまみを加えます。
3. フタをしてごく弱火で約15分炊きます。
4. 火から下ろして10分間蒸らし、しゃもじでほぐします。

キヌア

1. キヌアはサポニンと呼ばれる苦味やえぐみの原因となる成分を除去するため、2〜3分しっかりと水を替えながら洗い、水を切ります。
2. キヌアの約2倍の水を、鍋で沸騰させた中に、雑穀と塩ひとつまみを加えます。浸水の必要はありません。
3. フタをしてごく弱火で約20分、水分がなくなるまで炊きます。
4. 火から下ろして10分間蒸らし、シャモジで軽くほぐします。

> メモ：普通の玄米や白米に加える場合は、雑穀の分だけ米の量を減らすか、水分を増やして、そのまま炊けます。

豆の調理方法

1 豆をよく洗い水を切ります。

2 消化しやすくするために、たっぷりの水に8時間から一晩浸水させます。

- レンズ豆や小豆、エンドウ豆といった小さな豆は浸水させる必要はありません。
- 浸水させる時間がない場合、鍋に豆とお湯を入れて沸騰してから3分火にかけ、蓋をして1時間そのままおき、以下の工程に移ります。

3 水を切ります。

4 大きな鍋に浸水させた豆と新鮮な水をたっぷりと加え、昆布をひとかけ入れます。こんぶを加えるのは消化を助けるためです。水の量は、大きさにとっても異なりますが、乾燥豆の4〜6倍程度を目安にしてください。

5 一度沸騰させ、あくをすくい取ります。沸騰後に、煮汁を捨てて新しい水に入れ替える"ゆでこぼし"によりアク抜きをする方法もあります。

6 弱火にし、指で押してつぶれる程度に柔らかくなるまで火にかけます。豆の調理時間は、豆の大きさによって異なりますが、一般的にはゆで始めから45〜70分程度です。豆粒全体を均一に柔らかくゆであげるために、1〜2回、冷水1カップほどを差し水（びっくり水）するとよいでしょう。

7 豆を一粒取り、指先で軽く押してつぶれるくらいでゆで上がりです。まだ固いようであればしばらく火にかけます。水が足りないようであれば、少々足しましょう。柔らかくなっていれば、蓋をしたまま10分蒸らします。

> **メモ：**豆の種類にもよりますが、目安として1カップの乾燥豆で約2〜3カップ茹でた豆が出来上がります。レシピに茹で豆または調理済の豆と書かれている場合は半量ほどの乾燥豆から茹でるか、たくさん茹でて置いて、残りを他のレシピにも使用するのも良いでしょう。調理済の豆は、冷蔵庫で1週間、冷凍庫で1ヵ月ほど保存可能です。

Drinks ドリンク

Energize with fresh smoothies and cozy up with warm drinks!

フレッシュスムージーで
エナジーアップ、
温かドリンクで幸せアップ！

マンゴーシェイク

デザートのように濃厚でクリーミー。
デリシャス！

材料：2〜3人分

豆乳またはライスミルクまたはナッツミルク…
……………………………… 2・1/2 カップ
凍らせたマンゴー……………………… 3 カップ分
カルダモンパウダー…………………… 小さじ 1/4

1 全ての材料を、ブレンダー（ミキサー）で滑らかになるまで撹拌します。

グリーンスムージー

グリーンパワーで気持ちよい 1 日を
スタートしましょう。

材料：2〜3人分

水………………………………………… 2 カップ
凍らせたバナナ………………… 2・1/2 カップ分
凍らせたパイナップル………………… 1/2 カップ分
グリーンパウダー（スピルリナ、大麦若葉、
ウィートグラス等）……………… 大さじ 1〜2

1 全ての材料を、ブレンダー（ミキサー）で滑らかになるまで撹拌します。

カカオシェイク

誰もが幸せになる魔法のドリンク！

材料：2〜3人分

豆乳またはライスミルクまたはナッツミルク…
……………………………… 2・1/2 カップ
凍らせたバナナ………………………… 3 カップ分
カカオパウダー………………………… 大さじ 3
メープルシロップ……………………… 大さじ 1〜2
バニラエキストラクト………………… 小さじ 1

1 全ての材料を、ブレンダー（ミキサー）で滑らかになるまで撹拌します。

いちごとクコの実の
ミルクシェイク

子供時代の記憶がよみがえる、
甘く懐かしい味です。

材料：2〜3人分

豆乳またはライスミルクまたはナッツミルク…
……………………………… 2・1/2 カップ
凍らせたいちご………………………… 2 カップ分
凍らせたバナナ……………… 1・1/4 カップ分
クコの実………………………………… 大さじ 2
メープルシロップ……………………… 大さじ 1〜2

1 全ての材料を、ブレンダー（ミキサー）で滑らかになるまで撹拌します。

マサラチャイ　〜インド風ミルクティー〜

インドで飲むチャイはなぜか特別に美味しい。その濃厚で甘すぎるチャイは、暑く乾いた気候と熱気に良く合い、どうにも癖になる。ヘルシーミルクで再現しました。

材料：4人分

水…………………………………………………… 750cc	黒胡椒（砕いておく）………………………… 5粒
豆乳又はライスミルク又はナッツミルク…… 500cc	シナモンスティック…………………………… 1本
ココナッツシュガーまたは好みの甘味料… 大さじ4	生姜（潰しておく）…………………………… 1片
カルダモン（砕いておく）…………………… 5粒	紅茶の葉　大さじ1またはティーバッグ2個
クローブ……………………………………………… 5粒	

1　水とスパイス類を鍋に入れ火にかけます。沸騰したら紅茶の葉とココナッツシュガーを加え、弱火で数分煮出します。
2　好みのミルクを加え、弱火で温めます。茶漉しでスパイスと紅茶の葉を濾していただきましょう。

グリーンミルクティー

私のナンバーワンお気に入りスーパーフードは大麦若葉！ 癖が無く、マイルドな抹茶のような味わいで、フルーツサラダにそのままかけたり、スムージーに加えたりと大活躍です。抹茶ミルクのようなこの温かい飲み物は、優しく体の芯まで温めてくれます。

材料：4人分

豆乳又はライスミルク又はナッツミルク…… 1.5ℓ	大麦若葉パウダー……………………………… 大さじ2
ココナッツシュガー又は好みの甘味料…… 大さじ3	バニラエキストラクト………………………… 小さじ1

1　全ての材料を、ブレンダー（ミキサー）で滑らかになるまで撹拌し、鍋に移します。または全ての材料を鍋に入れ、だまにならないようによく混ぜてから火にかけます。
2　弱火で温め、十分に温まったら火から下ろします。

スパイシーホットチョコレート

カカオの濃厚な香りと味に、カイエンペッパーの刺激が心地よいホットドリンクは、メキシコの定番です。

材料：4人分

豆乳又はライスミルク又はナッツミルク… 1.5ℓ	シナモンパウダー……………………………… 小さじ1
カカオパウダー………………………………… 大さじ5	バニラエキストラクト………………………… 小さじ1
ココナッツシュガー又は好みの甘味料… 大さじ5	カイエンペッパー又はチリパウダー　…ひとつまみ

1　全ての材料を、ブレンダー（ミキサー）で滑らかになるまで撹拌し、鍋に移します。または全ての材料を鍋に入れ、だまにならないようによく混ぜてから火にかけます。
2　弱火で温め、十分に温まったら火から下ろします。

Dips And Crackers
ディップ＆クラッカー

As a snack, easy breakfast, appetizer, with wine, for a party—perfect for any occasion!

小腹がすいたときの軽食に、パティーの前菜に、
ワインのお供に、気軽な朝ごはんにと、色々楽しめます。

キャロットディップ

簡単なのに栄養満点、シンプルでクリーミーなこのディップは、ちびっ子やお年寄りにも食べてもらいやすく大人気。チャパティチップス（→ P35）との相性は抜群です。

材料：2～3 カップ分

にんじん（柔らかくなるまで茹でる又は蒸す）… 500g	クミンパウダー…………………………… 小さじ 1
オリーブオイル…………………………… 大さじ 3	キャラウェイシード…… 小さじ 1（オプション）
塩………………………………………… 小さじ 1	

1 全ての材料を、ブレンダー（ミキサー）で滑らかになるまで回します。ブレンダーがきちんと回転するよう、水が足りなければ少量加えて調節してください。

> 応用：
> **ビーツディップ又はかぼちゃディップ**
> にんじんをビーツ又はかぼちゃに置き換えるだけです。お好みでカシューサワークリーム（下記参照）を軽く混ぜ込むとさらに特別な 1 品になります。

ごま豆腐チーズ

オーツビスケット（→ P37）との相性は抜群です。

材料：2 カップ分

重しをしてしっかりと水切りをした木綿豆腐（→ P22）………… 300g	白練りごま…… 大さじ 3
好みのオイル…………………………………………… 大さじ 4	レモン汁……… 大さじ 2
メープルシロップ……………………………………… 大さじ 3	塩……………… 小さじ 1

1 全ての材料を、フードプロセッサーで滑らかになるまで回します。

カシューサワークリーム

本物のサワークリームにそっくりな味に驚きです。

材料：2 カップ分

カシューナッツ（2～4 時間浸水し、洗って水を切る）…… 2・1/2 カップ	りんご酢……… 大さじ 1
オリーブオイル……………………………………………… 大さじ 4	塩……………… 小さじ 2
レモン汁……………………………………………………… 大さじ 4	水……………… 大さじ 8

1 全ての材料を、ブレンダーで滑らかになるまで撹拌します。ブレンダーが、きちんと回転するよう、水が足りなければ少量加えて調節してください。

チャパティでトルティーヤ

全粒粉で作るインド風パン、チャパティは、ヘルシートルティーヤとして大活躍します！

材料：8〜10枚分

全粒小麦粉又はスペルト粉	280g
好みのオイル	小さじ1
塩	ひとつまみ
ぬるま湯	170〜250cc（必要に応じて加減します）
打ち粉	適量

1. 全粒小麦粉、オイル、塩をボウルに入れ、ぬるま湯をゆっくりと注ぎ3〜5分捏ねます。生地は耳たぶの固さが目安です。固いようであれば、少々の水を加えてください。
2. 濡れ布巾をボウルにかぶせ、30分ほど生地を寝かせます。
3. 生地を8〜10等分に分けそれぞれを丸め、台にくっつかないように打ち粉をしながら直径15〜20cmの大きさに薄くのばします。
4. フライパンでオイルを敷かずに弱火で両面を焼きます。
5. 乾燥した布巾をかぶせて保温し、温かいうちにいただきましょう。

応用：
チャパティチップス

トルティーヤが残ったら、次の日のおやつに変身させましょう。とても軽くてヘルシーなチップスが簡単に出来ます。ディップとの相性抜群です。

1. トルティーヤを6〜8等分の三角形になるようにカットします。
2. 150度に余熱したオーブンで15〜20分、焼き色がついてクリスピーになるまで焼きます。オーブンが無い場合は、フライパンでごく弱火で両面を焼けば、クリスピーに仕上がります。

ハーブ風味のチャパティチップス

1. トルティーヤにオリーブオイル、塩、ローズマリー、タイム等好みのハーブをまぶしてからカットしてオーブンで同様に焼きます。

オーツビスケット

クリーミーなディップと良く合う、塩気の効いたさっくりビスケット。お好みの雑穀粉、そば粉やヒエ、キビなどの粉でいろいろなバリエーションを楽しんでください。私のお気に入りは、ラギと呼ばれるインドの黒キビ。香りが良くて栄養価も高い雑穀です。

材料：21個分

オートミール	50g
小麦粉又はスペルト粉	50g
好みの粉（そば粉、ヒエ粉、粟粉等の雑穀の粉）	35g
クルミ	40g
塩	小さじ 1/2
好みのオイル	75cc
メープルシロップ	大さじ 1
水	40〜50cc
打ち粉	適量

1 オーブンを180度に予熱します。
2 オートミール、粉類、クルミ、塩をフードプロセッサーで粉状になるまで回します。
3 オイルとメープルシロップをゆっくりと加え、クランブル状になるまで回します。
4 フードプロセッサーを回しながら、ゆっくりと水を加えます。
5 水を加えると生地が直ぐにまとまりだすので、そこで混ぜすぎず、ボウルに生地を移し、手でひとまとめにします（水分の量は、加える雑穀粉によって加減します）。
6 生地が台にくっつかないよう打ち粉をしながら、15×21cmの長方形に伸ばします。
7 上からオーブンシートを生地にくっつけひっくり返します。
8 3×5cmの大きさ又は好みの大きさにカットし、オーブンで20分、又は軽く焼き色がつくまで焼きます。

Soups スープ

Such a wonderful, hearty comfort food they are!

心温まる癒しのスープ。

タイ風かぼちゃとココナッツのスープ

リトリートでは定番の人気ナンバーワンスープ！

材料：4〜6人分

お好みのオイル……………………大さじ2	塩……………………小さじ1又は適量
にんにく（みじん切り）………………1片	醤油………………………………大さじ2
クミンシード……………………小さじ2	チリパウダー…………………小さじ1/4
ガランガル（薄切り）………………1片	水………………………500〜750cc
◇代用品：しょうが	ココナッツミルク……………………500cc
レモングラスの茎（つぶしておく）…2本	
こぶみかんの葉………………………4枚	**盛り付け：**
たまねぎ（薄切り）……………小1個	ココナッツクリーム…大さじ2〜3（オプション）
かぼちゃ（適当な大きさに切る）…600g	

1 鍋でオイルを軽く温め、にんにく、クミン、ガランガル、レモングラスの茎、こぶみかんの葉を入れ、香りが出るまで炒めます。

2 たまねぎと塩を加え、弱火で、軽く色づくまで炒めます。

3 かぼちゃを加え、蓋をして弱火で5分程、蒸し煮にします。

4 水と、醤油、チリパウダーを加え、中火で沸騰させます。

5 弱火にしてかぼちゃが柔らかくなるまで煮ます。

6 レモングラスの茎、こぶみかんの葉を取り出し、ココナッツミルクと一緒に、ブレンダー（ミキサー）又はハンドミキサーでピューレ状に仕上げます。（ブレンダー（ミキサー）を使用する場合は、少し冷ましてからにしましょう。）

7 仕上げにお好みでココナッツクリームを飾ります。

メモ：ベジタリアンのグリーンカレーペーストがあれば、全てのスパイス（クミンシード、ガランガル、レモングラス、こぶみかんの葉、チリ）をグリーンカレーペースト大さじ1/2〜1で代用できます。

参考：タイスパイス＆ハーブ
（写真左上から時計回りに）ガランガル、こぶみかんの葉、レモングラス、チリ、ガーリック

ビーツのデトックススープ

シンプルで栄養満点、からだに優しいスープです。

材料：4〜6人分

お好みのオイル	大さじ 2
マスタードシード	小さじ 1
にんにく（みじん切り）	1 片（オプション）
クミンシード	小さじ 2
カレーリーフ（下記メモ参照）	10 枚
◇代用品：カレー粉小さじ 1/2	
たまねぎ（薄切り）	1 個
ビーツ（皮を剥いて薄切り）	600g
塩	小さじ 2 又は適量
水	750〜1000cc

盛り付け：

カシューサワークリーム（→ P33） ………… 大さじ 2〜3（オプション）

1. 鍋でオイルを弱火で温め、マスタードシードを加えます。マスタードシードが弾けはじめたら、にんにく、クミンシード、カレーリーフを加えます。（カレー粉で代用する場合は焦げ易いので後から加えます。）
2. 香りが出てきたらすぐにたまねぎと塩を加え、弱火でたまねぎが軽く色づくまで炒めます。
3. ビーツを加え、3〜5分炒めます。
4. 水を加え、沸騰したら弱火にし、ビーツが柔らかくなるまで煮ます。
5. ブレンダー（ミキサー）又はハンドミキサーで滑らかになるまで撹拌します。（ブレンダー（ミキサー）を使用する場合は、少し冷ましてからにしましょう。）
6. 仕上げにお好みでカシューサワークリームを飾ります。

応用：

ピュアベジタブルスープ

ビーツをにんじん、かぼちゃ、さつまいも、ポロねぎ又は長ねぎなど好きな野菜に置き換えて、好みのハーブやスパイスを使って、オリジナルスープを楽しんでください！

メモ： カレーリーフは、インド原産で独特の香りがあり、香辛料として南インド料理によく使用されます。カレーリーフとカレーパウダーとは全く別物ではありますが、カレーリーフが無い場合は、省略するか、もしくはエキゾチックなフレーバーを出すためにカレー粉で代用しても良いでしょう。

癒しのお味噌汁

薬効茶をダシにしたお味噌汁です。薬効茶は、ドクダミ茶、スギナ茶、アシタバ茶、クマ笹茶、柿の葉茶、黒豆茶、霊芝茶、朝鮮人参茶など、お好みで。私のお気に入りは黒豆茶です。まろやかでやや甘味のあるお味噌汁になります。

材料：4人分

水	1.5ℓ
お好みの薬効茶	大さじ4又は4〜5ティーバッグ
好みの味噌	大さじ5〜7又は適量
粉末昆布又は無添加昆布だし	小さじ2
豆腐（角切り）	100g
青ねぎ	ひとつかみ
わかめ	ひとつかみ

1 水にお好みの薬効茶を入れ沸騰させます（霊芝茶、朝鮮人参茶など薬効茶の種類により、長時間に出す必要のある物は、ごく弱火で煮出します）。
2 火を止め、薬効茶を漉すかティーバッグを取り出します。
3 味噌と昆布パウダーを加え溶かします。
4 残りの材料を入れ、いただきましょう。

ダール豆のスープ

私が1番はじめに習ったアーユルベーダのレシピ。簡単で、とてもからだに優しく、心が落ち着くスープです。このスパイスの組み合わせは南インド料理やアーユルベーダの食事の定番です。消化を助け、体調を整えてくれます。イエローダール豆（皮むき緑豆）は、甘味があってナッツのようなフレーバーがあり、インドでは一番出番の多いダール豆の一つです。イエローダール豆がなければ、緑豆、レンティル豆、ひよこ豆、金時豆等、どんな豆でも代用できます。

材料：4～6人分

- イエローダール豆（皮むき緑豆）… 1・1/4 カップ
- 水……………………………………… 1.5ℓ
- ターメリック………………………… 小さじ 1/2
- 塩……………………………………… 小さじ 1 又は適量
- お好みのオイル……………………… 大さじ 1
- マスタードシード…………………… 小さじ 1
- クミンシード………………………… 小さじ 1
- にんにく（みじん切り）……… 1片（オプション）
- カレーリーフ………………………… 10枚

◇代用品：カレー粉小さじ 1/2

1. ダール豆を水、ターメリックを入れた鍋で柔らかくなるまでに煮た後、塩を加えます。
2. フライパンでオイルを温め、マスタードシードを加えます。マスタードシードが弾けはじめたら、クミンシード、にんにく、カレーリーフを加えます。（カレー粉で代用する場合は焦げ易いので後から加えます。）
3. 香りが出てきたら、すぐにダール豆の鍋に加え、弱火で数分煮込みます。

バジル風味のトマトスープ

野菜でうまみを出すビーガン料理の基本となるスープです。良く炒めた玉ねぎ、にんじん、セロリがうまみの元となります。ゆっくりと、弱火で時間をかけて優しいエネルギーを加えるのがポイントです。

材料：4〜6人分

お好みのオイル	大さじ 2
にんにく（みじん切り）	2 片
たまねぎ（みじん切り）	1 個
にんじん（みじん切り）	1 本
セロリ（みじん切り）	1/2 本
塩	小さじ 1 又は適量
ドライバジル	小さじ 1
フレッシュトマト又はホールトマト缶（ハンドミキサーでピューレ状にする）	750cc 分
水	500cc
刻んだフレッシュバジル	大さじ 2〜3

1 鍋でオイルを軽く温め、にんにくとたまねぎを入れ、上から塩を振りかけ、蓋をして弱火で柔らかくなるまで3〜5分炒めます。

2 にんじん、セロリ、ドライバジルも加え、蓋をして野菜が軽く色づいて柔らかくなるまで炒めます。

3 トマトピューレと水を加え、沸騰するまで中火にかけます。

4 火を弱め、15分ほど煮ます。

5 火を止めた後、フレッシュバジルを加えて混ぜます。

モロッコ風スープ

身体が温まる、栄養たっぷりの、北アフリカ風のスープです。クスクスや暖かいパンと良く合います。

材料：4〜6人分

お好みのオイル	大さじ2
にんにく（みじん切り）	2片
しょうが（みじん切り）	1片
たまねぎ（角切り）	1個
にんじん（角切り）	1本
じゃがいも（角切り）	2個
茹でたひよこ豆（→ P27）	1・1/2カップ
レーズン	大さじ2〜3
クミンパウダー	小さじ1
パプリカパウダー	小さじ1
シナモンパウダー	小さじ1/2
醤油	大さじ1
塩	小さじ1又は適量
水	1ℓ

1. 鍋でオイルを軽く温め、にんにく、しょうが、たまねぎ、塩を加え、弱火で3〜5分蓋をして柔らかくなるまで炒めます。
2. にんじん、じゃがいも、全てのスパイス類を加え、さらに数分柔らかくなるまで炒めます。
3. 醤油、レーズン、ひよこ豆、水を加え、中火で沸騰させます。沸騰したら弱火にし、15分煮ます。

ベトナム風フォースープ

東南アジア旅行後から、リトリートでの定番料理となったフォー。
野菜のダシとヌードルの食感、ハーブやスパイスの風味が、見事な相乗効果を発揮します。

材料：4〜6人分
ごま油又はお好みのオイル	大さじ2
にんにく（みじん切り）	1片
しょうが（千切り）	1片
たまねぎ（薄切り）	1個
しいたけ（薄切り）	5個
セロリ（薄切り）	1本
パプリカ（薄切り）	1/2個
キャベツ（千切り）	2・1/2カップ分
クローブ	10個
八角	4個
シナモンスティック	1本
醤油	大さじ3
ココナッツシュガー又は好みの甘味料	大さじ2
レモン汁	さじ1
塩	小さじ1又は適量
水	1ℓ

盛り付け：
ライスヌードル	50g
刻んだコリアンダーの葉	大さじ2〜3
刻んだフレッシュチリ	1〜2本（オプション）

1 鍋でオイルを軽く温め、にんにく、しょうが、たまねぎ、全てのスパイス類を入れ炒めます。
2 塩を振りかけ、弱火で3〜5分ほど、蓋をして柔らかくなるまで炒めます。
3 しいたけ、セロリ、パプリカ、キャベツ、醤油、ココナッツシュガー、レモン汁を加え、さらに数分、柔らかくなるまで炒めます。
4 水を加え、中火で沸騰させます。
5 沸騰したら弱火にし、15分ほど煮ます。
6 スープを煮ている間にライスヌードルを準備しましょう。沸騰したお湯にライスヌードルを5〜15分ほど、柔らかくなるまで浸し、水でよく洗ってから水切りをします。（ライスヌードルの厚さによって浸す時間は異なります。）
7 ライスヌードル盛り付けた皿にスープを注ぎ、刻んだコリアンダーの葉とお好みでチリを散らします。

Salads & Dressings & Almighty Sauces

サラダ＆ドレッシング＆万能ソース

These salads are too good to play just a side role.
They should be treated as a main feature
with all the delicious dressings and sprinkles!

小腹がすいたときの軽食に、パーティーの前菜に、
ワインのお供に、気軽な朝ごはんにと、色々楽しめます。

ギリシャ風サラダ with 豆腐フェタチーズ

コロコロ野菜にオリーブと豆腐フェタチーズ、オレガノ、さっぱりドレッシングで、
地中海の雰囲気満点のヘルシーサラダです。

材料：4 人分

重しをしてしっかりと水切りをした木綿豆腐（→ P22）	250g
ロメインレタス（一口大に切る）	約 2 株
きゅうり（大きめ角切り）	2 本
トマト（大きめ角切り）	2 個
パプリカ（輪切り）	1 個
赤たまねぎ（輪切り）	1/4 個
オリーブ	20 〜 30 粒

レモンドレッシング

材料：1・1/2 カップ分

オリーブオイル	250cc
レモン汁	大さじ 4
刻んだオレガノ	大さじ 2（又はドライオレガノ小さじ 2）
塩	大さじ 1
引き立てコショウ	小さじ 1/4

1 レモンドレッシングの全ての材料を、ボウルで混ぜ合わせます。
2 豆腐フェタチーズは、豆腐を角切りにし、レモンドレッシング大さじ 6 で軽くマッサージするように合わせ、冷蔵庫で 1 時間程ねかせます。
3 ボウルにロメインレタスを敷き、全ての野菜をのせます。
4 上からオリーブと豆腐を散らし、レモンドレッシングを添えます。

中華風　バンバンジーサラダ

バンバンジーは、やや和風アレンジが効いた中華風サラダです。ボリューム満点でメインとしても大人気の1品。オリジナルのバンバンジーは茹でた鶏肉を使いますが、ここではてりやき豆腐を使います。

てりやき豆腐

材料：4人分

重しをしてしっかりと水切りをした木綿豆腐（→ P22） ……………………400g
ごま油…………………………… 大さじ1
醤油……………………………… 大さじ1

レタス（千切り）………………… 約1株
きゅうり（千切り）…………… 2～3本
にんじん（千切り）…… 1～1・1/2本
トマト（種を取り薄切り）………… 2個

盛り付け：

刻んだ青ねぎ……………… 大さじ2～3
黒ごま……………………………… 大さじ1

バンバンジードレッシング

材料：1/2 カップ分

白練りごま………………… 25cc(大さじ8)
ごま油…………………………… 大さじ4・1/2
すり下ろししょうが………………… 大さじ2
米酢又は好みの酢………………… 大さじ2
ココナッツシュガー又は好みの甘味料… 大さじ1・1/2
ディジョンマスタード…………… 大さじ1・1/2
醤油……………………………… 大さじ1・1/2
塩………………………… 小さじ3/4 又は適量
水…… 大さじ4～6（練りごまの濃度によって調整）

1 ドレッシングの全ての材料を、ブレンダー（ミキサー）で滑らかになるまで撹拌します。
2 照り焼き豆腐は、豆腐を半分に切り、ごま油を敷いたフライパンで、豆腐の両面が色づくまで焼きます。しょうゆを入れ素早く豆腐にからめます。焦げやすいので、香ばしい香りがしたら手早く火から下ろしましょう。
3 器にレタスをしいてから、きゅうり、にんじん、トマトを盛り付けます。真ん中に、食べ易い大きさにスライスした照り焼き豆腐を盛り付け、仕上げに青ねぎと黒ごまを散らします。バンバンジードレッシングを添えていただきましょう。

ロースト野菜とキヌアのあったかサラダ

キヌアは、タンパク質、食物繊維やカルシウムなどのミネラルを豊富に含む、注目のヘルシーフード。キヌアのぷちぷち感が楽しく、一皿で大満足のメインディッシュとなるサラダです。盛り付けには、お好みでナッツやドライフルーツを最後にかけても美味しいです。

材料：4人分

炊いたキヌア（→ P26） ································ 2・1/2 カップ
フレッシュバジル（千切り） ····························· 大さじ 4

ロースト野菜

材料：4人分

アスパラガス（5cmの長さに切る）…4〜5本
パプリカ（乱切り）································2個
ズッキーニ（乱切り）······························2本
なす（乱切り）····································1本
たまねぎ（乱切り）································1個

バルサミコビネグレット

材料：1・1/4 カップ分

オリーブオイル·························大さじ 8
バルサミコ酢····························大さじ 6
メープルシロップ·······················大さじ 2
塩··小さじ 1
コショウ···少々

盛り付け：

豆腐リコッタチーズ（→ P97） ······ 1 〜 1・1/2 カップ（オプション）

1 バルサミコビネグレットの全ての材料を、ボウルで混ぜ合わせます。
2 オーブンを 200℃に予熱します。天板に軽くオイルを塗るか、オーブンペーパーをしいておきます。
3 ボウルに全てのロースト用の野菜を入れ、バルサミコビネグレットと和えます（仕上げようにビネグレットは少し残しておきます）。
4 天板の上に野菜を並べ、オーブンで 15 分ほど、薄く焼き色がつき、柔らかくなるまで焼きます。オーブンが無ければ、フライパンで両面を色よく焼きます。
5 キヌア、ローストした野菜、バジルを残りのバルサミコビネグレットで和えます。
6 器に盛り付け、お好みで、豆腐リコッタチーズを散らします。

禅そばサラダ

冷たいおそばは日本の暑い夏の定番のメニュー。体内に滞った水分と老廃物を排出する効果もあります。

材料：4人分

乾燥そば麺	180g
フレッシュ又は冷凍枝豆	2・1/2 カップ
千切りレタス	5 カップ分
千切りにんじん	2 カップ分
千切り大根	2 カップ分

盛り付け：

刻んだ青ねぎ	大さじ 2
すりごま	大さじ 2
細切りのり	1/4 枚分

蕎麦サラダドレッシング

材料：1 カップ分

ごま油	大さじ 3
米酢又は好みの酢	大さじ 3
醤油	大さじ 3
ココナッツシュガー又は好みの甘味料	大さじ 3
白練りごま	大さじ 1

1. 蕎麦サラダドレッシングの全ての材料を、ボウルで混ぜ合わせます。
2. 枝豆は、塩を入れたお湯で、柔らかくなるまで煮てから、豆を取り出します。
3. 鍋でお湯を沸かし、沸騰したら蕎麦を入れ、アルデンテの状態（コシのある状態）に茹でます。すぐに冷水に蕎麦を取り、熱とぬめりを取って水切りをします。
4. 器にサラダの材料を盛り付け、真ん中に蕎麦をのせます。枝豆を上に散らし、蕎麦サラダドレッシングを振りかけます。
5. 仕上げに青ねぎ、すりごま、のりを散らします。

バリ風　ガドガドサラダ
～蒸し野菜とバリ風ピーナッツバターソースのあったかサラダ～

バリ料理の定番人気メニュー！甘くピーナッツバターフレーバーのソースと、くせのあるテンペのコンビネーションは病み付きになります。

材料：4人分

もやし、じゃがいも、ブロッコリー、人参など好みの野菜	各 2・1/2 カップ
テンペ（薄切り）	125g
ごま油又は好みのオイル	大さじ 1・1/2
醤油	小さじ 1・1/2

盛り付け：

クリスピー・オニオン（→ P67）　大さじ 4（オプション）

ガドガドソース

材料：1 3/4 カップ分

にんにく（潰す）	2 片
しょうが（薄切り）	1 片
トマト（ざく切り）	1 カップ分
ピーナッツバター	125cc（大さじ 8）
醤油	大さじ 3
ココナッツシュガー又は好みの甘味料	大さじ 3
レモン汁	大さじ 1
オニオンパウダー	小さじ 2
クミンパウダー	小さじ 1
チリパウダー	小さじ 1/2
塩	小さじ 1/2 又は適量

1. ガドガドソースの全ての材料を、ブレンダー（ミキサー）で滑らかになるまで撹拌します。ブレンダー（ミキサー）がきちんと回転するよう、水分が足りなければトマトか水を加えて調節してください。
2. 好みの野菜は、それぞれ、食べ易い大きさにカットし、蒸すかゆです。
3. テンペは、フライパンに分量のオイルを敷き、両面が色づくまで焼きます。しょうゆを入れ素早くテンペにからめます。焦げやすいので、香ばしい香りがしたら手早く火から下ろしましょう。
4. 蒸した野菜とテンペを器に並べ、ガドガドソースを添えます。
5. 仕上げにお好みでクリスピーオニオンを振りかけます。

イチジクのバルサミコドレッシング

イチジクとバルサミコ。1＋1が2以上の相乗効果となる、黄金の組み合わせです。

材料：1・1/2 カップ分

刻んだドライイチジク（少量の水で30分浸水する）	大さじ4
オリーブオイル	大さじ3
バルサミコ酢	大さじ3
白味噌	小さじ1/2
塩	小さじ1/2
コショウ	少々
フレッシュタイム、ローズマリー	各小さじ1/2（又はドライ各小さじ1/4）
水（又は甘いドレッシングが好みの場合はイチジクを戻した水）	大さじ6

1 タイムとローズマリー以外のドレッシング材料を、ブレンダー（ミキサー）で撹拌します。
2 タイムとローズマリーを加え、軽く撹拌します。

和風ドレッシング

甘い、しょっぱい、酸っぱい、プラスごま油。和風の基本の配合です。
サラダだけでなく、蒸し野菜、豆腐、ライスサラダなどにも活躍します。

材料：1・1/4 カップ分

ごま油	大さじ4
米酢又は好みの酢	大さじ4
醤油	大さじ4
ココナッツシュガーシロップ又は好みの甘味料	大さじ4
すりごま	大さじ2

1 ドレッシングの全ての材料を、ボウルで混ぜ合わせます。

フレンチドレッシング

オイルに対してお酢が３：１。ドレッシングの基本中の基本です。買うより安いし、何より簡単！
本格的な味のこのドレッシングはシャキシャキの新鮮レタスや葉野菜と良く合います。

材料：2カップ分

オリーブオイル	250cc
白ワインビネガー	大さじ6
刻んだ玉ねぎ	大さじ2
レモン汁	大さじ1
ディジョンマスタード	小さじ1
塩	小さじ1
コショウ	少々

1 ドレッシングの全ての材料を、ブレンダー（ミキサー）で撹拌します。

イタリアンビネグレット

私が一番よく使うドレッシングで、常備しているのがこれ。野菜をマリネするのにも使えます。

材料：1・1/4カップ分

オリーブオイル	大さじ8
りんご酢	大さじ8
メープルシロップ又は好みの液体甘味料	大さじ3
塩	小さじ1・1/2
イタリアンミックスドライハーブ	小さじ1/2
コショウ	少々

1 ドレッシングの全ての材料を、ボウルで混ぜ合わせます。

応用：
オレンジとフェンネルのサラダ

薄くスライスしたフェンネルの茎と、薄皮と種を取ったオレンジを、イタリアンビネグレットでマリネします。

タヒニソース

ファラフェル（→ P89）との相性抜群なのは言うまでもなく、
蒸し野菜やサラダにも使える万能ソースです！

材料：1・1/4 カップ分

タヒニ又は白練りごま	大さじ 6
レモン汁	大さじ 2
オリーブオイル	大さじ 1
醤油	大さじ 1/2
塩	小さじ 1/2
クミンパウダー	小さじ 1/2
水	大さじ 6

1 全ての材料を、ブレンダーで滑らかになるまで撹拌します。又はボウルで滑らかになるまでよく混ぜます。

カシューマヨネーズ

冷蔵庫で 1 週間以上保存できます。
市販の添加物や化学調味料の入ったマヨネーズとはお別れしましょう。

材料：2・1/2 カップ分

カシューナッツ（2〜4 時間浸水し、洗って水を切る）	2・1/2 カップ
オリーブオイル	大さじ 4
リンゴ酢	大さじ 2
塩	小さじ 1・1/2
水	125cc（大さじ 8）

1 全ての材料を、ブレンダー（ミキサー）で滑らかになるまで撹拌します。

即席フレッシュケチャップ

市販のケチャップには、白砂糖と精製塩がたっぷり入っています。こんなに簡単に、ホームメードで美味しいケチャップができるのだから、ぜひぜひ常備してほしいアイテムです。冷蔵庫で1週間以上持ちます。

材料：2・1/2カップ分

ドライトマト（30分浸水する）	1・1/4カップ
ざく切りトマト	1カップ
デーツ（種を取り刻む）	大さじ5
りんご酢	大さじ4
塩	小さじ1

1 全ての材料を、ブレンダー（ミキサー）で滑らかになるまで撹拌します。ブレンダー（ミキサー）が、きちんと回転するよう、水が足りなければほんの少し加えて調節してください。

リタのココナッツチャツネ

リタは私の大切なインドのお母さん的存在。彼女の作るチャツネは本当に美味しい。インド料理との相性は最高です。中でもチャパティとの相性はダントツです。

材料：2カップ分

ドライココナッツ	2カップ
コリアンダー(葉、茎、根を含む)	1/2カップ
青唐辛子（種を取る）	2本又は適量
カレーリーフ	8〜10枚（無ければ省略）
生姜（薄切り）	1片
にんにく（潰す）	1片
レモン汁	大さじ2
ココナッツシュガー又は好みの甘味料	小さじ2
塩	小さじ1又は適量
水	大さじ8又は適量

1 全ての材料を、ブレンダー（ミキサー）で滑らかになるまで撹拌します。ブレンダー（ミキサー）が、きちんと回転するよう、水が足りなければ少し加えて調節してください。

Fun Salad Sprimkles
サラダトッピング

Magic sprinkles to make the ordinary salad delicious and exciting!

サラダをより楽しく美味しく！

ごま塩

マクロビオティックには定番のごま塩。ごはんだけでなくサラダやどんな料理にも合います。

材料：2・1/2 カップ分

黒ごま又は白ごま……………………………… 2・1/2 カップ
塩………… 約小さじ 1（必要に応じて塩加減を調節してください）

1 ごま、塩をフライパンに入れ、弱火で軽く色づくまで煎ります。
2 すり鉢やミルミキサー又はブレンダー（ミキサー）で、粉末状になるまですります。

タイ風ピーナッツ

サラダのトッピングやおつまみに！

材料：2・1/2 カップ分

好みのオイル……………………… 大さじ 1
レモングラスの茎（細かく刻む）………5cm
こぶみかんの葉（千切り）……………6〜8枚
クミンシード……………………… 小さじ 1
にんにく（薄切り）……………………1片
青ねぎ（刻む）…………………… 大さじ 2

荒挽き唐辛子……………………… 小さじ 1/2
ローストピーナッツ………… 2・1/2 カップ
醤油…………………………………… 大さじ 1
メープルシロップ………………… 大さじ 1
塩………………………………… 小さじ 1/2

1 材料を上から順に、フライパンに入れて炒めます。

南インド風カシューナッツ

やめられない止まらないインド風スパイスの効いたナッツのアレンジ。色んなスパイスやハーブを使ってオリジナルを作ってみてください。アレンジの可能性は無限です！

材料：2・1/2 カップ分

好みのオイル……………………… 大さじ 1
マスタードシード………………… 小さじ 1
クミンシード……………………… 小さじ 1
カレーリーフ………………………8〜10枚
◇代用品：カレー粉小さじ 1/2

カシューナッツ…………… 2・1/2 カップ
塩……………………………………小さじ 1
カレー粉………………………… 小さじ 1
メープルシロップ………………… 大さじ 1
レーズン…………………………… 大さじ 4

1 材料を上から順に、フライパンに入れて炒めます。

カシューナッツ・パルメザン

イタリアンにぴったり！簡単にできるチーズ風味のナッツトッピング。サラダにもおすすめです。

材料：1・1/4 カップ分

カシューナッツ……………………… 1・1/4 カップ
ニュートリショナルイースト…………大さじ 1
スモークパプリカパウダー……………大さじ 1
◇代用品：普通のパプリカパウダー
塩………………………………………小さじ 1

1 全ての材料を、フードプロセッサーで粉末状になるまで回します。

ブラジリアンナッツ・パルメザン

私の大好きな料理本"I am grateful"からヒントをいただいたビーガンパルメザン。
ブラジリアンナッツのコクとガーリックの香りがたまりません！

材料：1・1/4 カップ分

ブラジリアンナッツ………………… 1・1/4 カップ
ニュートリショナルイースト…………大さじ 1
にんにく（刻む）………………………1 片
塩………………………………………小さじ 1

1 全ての材料を、フードプロセッサーで細かくなるまで回します。

クリスピー・オニオン

使い道は無限大！サラダやサンドイッチ、バーガーなどのトッピングや、アジアン料理のスパイスとして、ヌードルや野菜炒めにも使えます。その他、マッシュポテトや、お好み焼き等の隠し味としても使えます。

材料：2 カップ分

玉ねぎ（薄切り）………………………2 カップ
好みのオイル……………………………大さじ 2
塩………………………………………小さじ 1/2

1 フライパンでオイルをごく弱火で温めます。玉ねぎを加え、10 〜 15 分焦がさないように飴色になるまで炒めます。

2 フライパンを火から下ろし、塩を振りかけ、ペーパータオルの上でさまします。玉ねぎが冷めたら、クリスピーに仕上がります。

Side Dishes
サイドディッシュ

Easy hit menus for snacks and main dishes!

スナックにもメインにもなる簡単アイディアメニューです。

ベトナム風生春巻き スイートチリソース添え

アジアのヘルシー料理の中でもダントツ人気ナンバーワンメニュー。新鮮なハーブとお野菜がたっぷり入って、これだけで満足できる1品です。

材料：12本分

直径22cmのライスペーパー	12枚
春雨	60g
醤油	大さじ1
きゅうり（千切り）	1〜2本
人参（千切り）	1本
アボカド（薄切り）	2個
アジアンハーブ（バジル、コリアンダー、ミント等）	合わせて1/2カップ
ローストピーナッツ（軽く砕く）	1/2カップ

付け合わせ：

スイートチリソース（下記参照）	適量

1. 春雨は、熱湯に3〜5分又は柔らかくなるまで浸し、冷水で洗って良く水を切り、約5cm幅に切ってから、醤油を絡めておきます。
2. 大きなボウルに水を用意します。ライスペーパーを水に約30秒浸し、軽く柔らかくなったら平らな台の上に広げます。ライスペーパーが柔らかくなりすぎないように気をつけましょう。
3. ライスペーパーの手前4cmを残し、中央部にアジアンハーブ、きゅうり、人参、アボカド、春雨を置きます。
4. ライスペーパーが破れないよう注意しながら、左右を折りたたみ、手前からしっかりと巻いていきます。スイートチリソースを添えていただきましょう。

スイートチリソース

瓶詰めでよく見かけるスイートチリソースですが、自宅でこんなに簡単にできちゃいます。

材料：2/3カップ分

ココナッツシュガー又は好みの甘味料	大さじ6	塩	小さじ1/2
米酢又は好みの酢	大さじ6	水	125cc（大さじ8）
粗挽き唐辛子	小さじ1	くず粉（大さじ1の水で溶いておく）	小さじ1/2

1. くず粉以外の全ての材料を鍋に入れ、沸騰したら弱火にし、時々混ぜながら半量になるまで煮詰めます。
2. 水溶きくず粉を加えて混ぜ、とろみがつくまで混ぜながら火にかけます。

南インド風ひよこ豆スナック

南インド料理の基本となるスパイスの、マスタード、クミン、ニンニク、カレーリーフを軽くオイルで香りを出し、メインとなる具と合えるだけです。どんな具でもできるので、オリジナルに挑戦してみてください。

材料：4人分又はメインディッシュとして2人分

お好みのオイル	大さじ2
マスタードシード	小さじ1
クミンシード	小さじ1
にんにく（みじん切り）	1片
カレーリーフ	30枚
◇代用品：カレー粉小さじ1	
唐辛子（種を取って刻む）	1本又は適量
茹でたひよこ豆（→ P27）	5カップ
塩	小さじ1又は適量
ドライココナッツ（ブレンダーやミルミキサーで細かくする）	1/2カップ
コリアンダーの葉（刻む）	大さじ4

1 鍋でオイルを弱火で温め、マスタードシードを加えます。マスタードシードが弾けはじめたら、クミンシード、にんにく、最後にカレーリーフと赤唐辛子を加えます（カレー粉で代用する場合は焦げ易いので後から加えます）。

2 すぐに鍋を火から下ろし、ひよこ豆の入ったボウルに加えます。塩を加えて味を整え、最後にココナッツ、コリアンダーの葉を加え混ぜます。

テンペの生姜味噌炒め

昔母が良く作ってくれた、野菜とお肉の味噌炒めを、テンペを使って再現しました。こってりとした甘味噌だれは、ごはんが良くすすみます。

材料：4人分又はメインディッシュとして2人分

ごま油	大さじ4
醤油	大さじ1
テンペ（薄切り）	300g
インゲン（半分に切り軽く茹でる）	600g

味噌だれ

赤味噌	大さじ3・1/2
ココナッツシュガーシロップ又は好みの甘味料	大さじ2・1/2
醤油	大さじ2
おろししょうが	大さじ1
米酢又は好みの酢	小さじ1
水	大さじ2

1 味噌だれは、味噌の固まりがなくなるまでボウルでよく混ぜます。

2 フライパンに分量のオイルを敷き、テンペの両面が色づくまで焼きます。しょうゆを入れ、素早くテンペにからめます。

3 味噌だれを加え、中火で数分炒めます。

4 いんげんを加え、全体が混ざったら火から下ろします。

豆腐ピザ

思いつきで作ったお豆腐アレンジ。いつの間にかリトリートでの定番となったヒット作です。お好みのソースやトッピングで楽しんでください。

材料：4人分又はメインディッシュとして2人分

重しをしてしっかりと水切りをした木綿豆腐（→ P22）	800g
トマトソース（→ P109）	2・1/2 カップ
カシューチーズソース（→ P118）	1/2 カップ
カシューナッツ又はブラジリアンナッツ・パルメザン（→ P67）	大さじ 2～3

ピザトッピング：

パプリカ（さいの目切り）	1個
マッシュルーム（さいの目切り）	2カップ
フレッシュバジル	大さじ 1～2
オリーブ（種を取って薄切り）	大さじ 2～3

1 オーブンを180度に予熱します。天板に軽くオイルを塗るか、オーブンペーパーをしいておきます。
2 鉄板の上に1cmにスライスした豆腐をならべ、トマトソースをかけます。
3 ピザトッピングを上に散らし、カシューチーズソースドレッシングボトル等で絞り出します。
4 ナッツ・パルメザンを散らし、オーブンで約20分、焼き色がつくまで焼きます。

Sandwiches And Burgers
サンドイッチ＆ベジバーガー

Veggie burgers are the most popular dishes at my retreats!

ヘルシーベジバーグの定番です。

豆腐バーガーサンドイッチ

豆腐をしっかり水切りすることと、野菜を甘くなるまでじっくりと炒めることがポイント。コクのあるバーガーに仕上がります。

材料：8個分

ロースト野菜

好みのオイル	大さじ2
にんにく（みじん切り）	1片
クミンシード	小さじ1/2
玉ねぎ（みじん切り）	1個
にんじん（みじん切り）	1/2本
セロリ（みじん切り）	1/4本
塩	小さじ1又は適量
ナツメグパウダー	小さじ1/2
胡椒	小さじ1/4
重しをしてしっかりと水切りをした木綿豆腐（→ P22）	400g
好みの茹でた豆又はローストナッツ（刻む）	100g
白練りごま	大さじ1
醤油	大さじ1
好みの粉	大さじ5

盛り付け：

全粒粉のバーガー用パン	8個
カシューマヨネーズ（→ P61）	適量
即席フレッシュケチャップ（→ P62）	適量
マスタード	適量
レタス、トマト、アボカド等好みの具材	適量

1 豆腐ベジバーグは、フライパンに分量の油を敷き、ニンニクとクミンシードを入れ、中火にかけます。

2 玉ねぎ、にんじん、セロリを加え、上から塩、胡椒、ナツメグパウダーを振りかけ、蓋をして弱火で3〜5分柔らかくなるまで炒めます。

3 ボウルに移し冷まします。

4 手で良くほぐした豆腐を加え、手でよく混ぜ合わせ、粉以外の全ての材料を加えます。

5 最後に粉を加え、全体をよく混ぜます。形成するのに柔らかすぎるようであれば、粉を足し固さを調整します。

6 ハンバーガーサイズ（直径約7.5cm）に丸め、油（分量外）で、両面が色づくまで焼きます。

7 バーガー用パンにカシューマヨネーズとマスタードを塗り、レタス、トマト、アボカドを敷き、豆腐ベジバーグをのせます。上から即席フレッシュケチャップをかけ、バーガー用パンで挟みます。

応用:
和風照り焼き
豆腐ハンバーグどんぶり

豆腐バーガーの両面に照り焼き生姜だれ（→下記レシピ参照）を絡めます。どんぶりにご飯を盛り、豆腐バーガーをのせ、好みで残りのたれをかけます。仕上げに好みで青ねぎなどを散らします。

照り焼き生姜だれ

人気の和風だれは、炒めた野菜や豆腐、テンペ等にかけても美味しくいただけます。

材料：1カップ分

醤油……………………………… 大さじ8
みりん　大さじ4（又はメープルシロップ　大さじ2）
すりおろししょうが……………… 大さじ1
水………………………………… 大さじ8
くず粉（水大さじ8で溶いておく）小さじ1

1 くず粉以外の全ての材料を鍋に入れ、沸騰したら弱火にし、時々混ぜながら半量になるまで煮詰めます。

2 水溶きくず粉を加えて混ぜ、とろみがつくまで混ぜながら火にかけます。

テンペバーガー

テンペは満足感のあるベジタリアンのお肉の代わりとして、おすすめです。インドネシア生まれの大豆発酵食品。味噌のような独自の香りがやみつきになります。

材料：8〜10個分

好みのオイル	大さじ2
にんにく（みじん切り）	1片
クミンシード	小さじ1/2
玉ねぎ（みじん切り）	1個
にんじん（みじん切り）	1/2本
セロリ（みじん切り）	1/4本
塩	小さじ1又は適量
胡椒	小さじ1/4
テンペ（手で細かくほぐすかフードプロセッサーで細かくする）	450g
刻んだフレッシュバジル	大さじ2（又はドライ 大さじ1）
メープルシロップ又は好みの甘味料	大さじ1
白練りごま	大さじ1
醤油	大さじ1
レモン汁	大さじ1
ディジョンマスタード	小さじ1
クミンパウダー	小さじ1/2
好みの粉（形成するのに必要であれば）	適量

1 フライパンに分量の油を敷き、にんにく、クミンシードを入れ、中火にかけます。
2 玉ねぎ、にんじん、セロリ、塩、胡椒を加え、蓋をして3〜5分柔らかくなるまで炒めます。
3 ボウルに移し冷まします。
4 冷めたら、テンペを加え、手でよく混ぜ合わせ、残り全ての材料を加えます。形成するのに柔らかすぎるようであれば、粉（分量外）を足し固さを調整します。
5 ハンバーガーサイズ（直径約7.5cm）に丸め、油（分量外）で、両面が色づくまで焼きます。

タイ風コーンとピーナッツのパテ
with スイートチリソース

ファラフェルのエスニックバージョン。簡単で驚きの美味しさです。
意外なコンビネーションで、みんなを驚かせてみましょう。

材料：10〜12個分

直とうもろこしの実又は冷凍コーン（解凍する）	2 カップ
ピーナッツ	2 カップ
刻んだフレッシュバジル	大さじ 2
醤油	大さじ 1
レモン汁	大さじ 1
ココナッツシュガー又は好みの甘味料	小さじ 1
塩	小さじ 1/2
胡椒	小さじ 1/2
チリパウダー	小さじ 1/4
片栗粉	大さじ 8

盛り付け：

スイートチリソース（→ P69）

1 とうもろこしの実とピーナッツを、フードプロセッサーで回し、粗く砕きます。
2 片栗粉以外の残りの材料を加えて、均等に混ざるまで回します。
3 ボウルに移し、片栗粉を加え、手でよく混ぜ合わせます。
4 小さめのパテ状（直径約5cm）に丸め、油（分量外）で、両面が色づくまで焼きます。
5 チリソースを添えていただきます。

Wraps And Tortilla Dishes
ラップサンドとトルティーヤディッシュ

Wraps are fun to fill, fold, and bite!

巻いて楽しく食べて美味しい！

メキシカン・ブリトー

ブリトーとは、柔らかいトルティーヤに、野菜やお豆やごはん等がたっぷり入った、それだけでお腹いっぱいになる大満足料理です。今回ご紹介するレシピ以外にも炒めたごはん、野菜炒め等好きなものをなんでも巻いてみてください。ここで紹介するのはリトリートでも人気ナンバーワンレシピです！

材料：食べたい分だけ

チャパティでトルティーヤ（→ P35）
メキシカンチリビーンズ（→ P85）又はロークルミのメキシカンタコミート（→ P86）
カシューサワークリーム（→ P33）
パイナップルサルサ（→ P87）
ワカモーレ（→ P87）

1. メキシカンチリビーンズ又はロークルミのメキシカンタコミート 1/2 カップ、サワークリーム大さじ 2 を、トルティーヤの中心より少し手前にのせます。うまく巻けるように、フィリングを欲張りすぎないよう注意しましょう。
2. 手前から、フィリングを巻き始め、サイドを折り込むようにし、フィリングがはみでないようにしっかりと巻きます。トルティーヤのサイズが小さければ、サイドを折り込まない方が巻きやすいでしょう。
3. 好みで斜め半分にカットします。
4. パイナップルサルサとワカモーレを添えていただきましょう。

> ### 応用：
> アレンジして色々なメキシカンに挑戦してみてください。
>
> #### タコス
> トルティーヤをオーブンで焼きます。焼いたトルティーヤに、千切りレタス、メキシカンチリビーンズ又はロークルミのメキシカンタコミート、サルサ、ワカモーレをのせ、サワークリームを最後にかけます。
>
> #### エンチラーダ
> サワークリームをかけたブリトーをオーブンで焼き、ワカモーレ、サルサを添えていただきます。

メキシカンチリビーンズ

エキゾチックなスパイスが良く利いたお豆は、パンの上に乗せたり、潰してペースト状にしてクラッカーに添えたり、水を多めに煮込んでスープにしたりと、色々応用の効く一品です。

材料：6カップ分

茹でた金時豆（→ P27）	4カップ
オリーブオイル	大さじ4
にんにく（みじん切り）	1片
玉ねぎ（みじん切り）	1個
にんじん（みじん切り）	1/2本
セロリ（みじん切り）	1/2本
クミンパウダー	大さじ2
パプリカパウダー	大さじ1
ドライオレガノ	大さじ1
チリパウダー	小さじ1又は適量
塩	小さじ2
水	250cc

1 鍋でオリーブオイルを温め、にんにく、玉ねぎ、塩を入れて弱火にかけます。蓋をして3～5分、柔らかくなるまで炒めます。

2 にんじん、セロリと全てのスパイスを加えて混ぜ、蓋をしてさらに数分、柔らかくなるまで炒めます。

3 金時豆と水を加え、沸騰するまで中火にかけます。

4 弱火にし、さらに10分程、水気がなくなるまで煮込みます。

ロークルミのメキシカンタコミート

"ロー"は英語で"生の"という意味。ロー・リビングフードとは、生の、生きたエネルギーや栄養素をたくさん取り入れる食生活のことをさします。お肉もどきに見立てるために、生のクルミを使い、赤味噌とドライトマトがコクを出し、スパイスがメキシカンを演出する、斬新で、心も体も気持ち良くなるメニューです。これが生だってことに、誰も気づかないですよ。

材料：2・1/2 カップ分

クルミ（8～12時間時間浸水し、洗って水を切る）	2・1/2 カップ
ドライトマト（30分浸水し、細かく刻む）	大さじ3
にんにく（みじん切り）	1片
オリーブオイル	大さじ2
赤味噌	大さじ2
オニオンパウダー	小さじ2
クミンパウダー	小さじ2
スモークパプリカパウダー	小さじ1
◇代用品：普通のパプリカパウダー	
塩	小さじ1/4

1 全ての材料を、フードプロセッサーで回し砕きます。米粒状になったらストップ。回しすぎないように。歯ごたえを残します。時々止めて、スパチュラで回りについた材料をすくい取り、また軽く回すの繰り返しで、回し過ぎを防ぎます。

パイナップルサルサ

トロピカルなパイナップルの風味とライム、レッドオニオン、コリアンダーのコンビネーションは、どんなメインディッシュも軽く新鮮なものに仕上げてくれます。

材料：4〜5カップ分

トマト（種を取り小さいさいの目切り）	2・1/2 カップ分
パイナップル（小さいさいの目切り）	1・1/2 カップ分
みじん切り赤玉ねぎ	大さじ 2
刻んだコリアンダーの葉	大さじ 2
にんにく（みじん切り）	1〜2 片
ハラペーニョ又はフレッシュチリ（種を取りみじん切り）	1/4〜1/2 本又は適量
ライム又はレモン汁	大さじ 3〜4 又は適量
塩	少々
コショウ	少々

1 全ての材料を、ボウルで和えます。

ワカモーレ

みんなの大のお気に入り！
パンやクラッカーの絶好のお供にもなります。

材料：4〜5カップ分

アボカド	2 個
トマト（種を取り小さいさいの目切り）	1 個
ハラペーニョ又はフレッシュチリ（種を取りみじん切り）	1/4〜1/2 本又は適量
刻んだコリアンダーの葉	大さじ 2
にんにく（みじん切り）	1 片
ライム又はレモン汁	大さじ 1〜2 又は適量
オニオンパウダー	小さじ 1
塩	小さじ 1/2 又は適量

1 アボカドは種を取りボウルに入れ、フォーク等で潰します。
2 残りの全ての材料を加え、よく混ぜます。

地中海プレート

ファラフェル、ハモス、ババガヌーシュと、エキゾチックなソースの数々は、みんなのお気に入り。ランチに持って行くのも、ディナーパーティーにもおすすめです。たくさん作って家族やお友達とシェアーしましょう！

材料：食べたい分だけ
チャパティでトルティーヤ（→ P35）
ファラフェル（→下記参照）
ハモス（→ P91）
ババガヌーシュ（→ P90）
タヒニソース（→ P61）
タプナード（→ P91）
クスクスのタブーレサラダ（→ P93）

1. 各フィリングをプレートに盛り付けたり、又はブリトー同様に、好みのフィリングをチャパティで巻きます。

ファラフェル

ファラフェルは中近東で生まれたヘルシーフード。今では世界中でお目にかかります。ひよこ豆をすりつぶしてパセリやスパイスと混ぜて団子状にし、素揚げしたファラフェルは、ゴマペーストのタヒニソースと良く合います。

材料：22個分
乾燥ひよこ豆（たっぷりの水で一晩浸水し、洗って水を切る）… 200g
玉ねぎ（荒く刻む）………………………………………… 2個
にんにく（潰す）…………………………………………… 2片
刻んだパセリ又はコリアンダーの葉……………………… 大さじ1
コリアンダーシードパウダー……………………………… 小さじ2
クミンパウダー……………………………………………… 小さじ2
チリパウダー………………………………………………… ひとつまみ
塩……………………………………………………………… 小さじ1・1/2
コショウ……………………………………………………… 少々
ひよこ豆粉…………………………………………………… 大さじ10
◇代用品：小麦粉又はスペルト粉

1. ひよこ豆粉以外の全ての材料を、フードプロセッサーでパテ状になるまで回します。
2. ボールに移し、ひよこ豆粉を加え混ぜます。形成するのに柔らかすぎるようであれば、もう少しひよこ豆粉を加えます。
3. 3cmほどのボール状又は平たいパテ状にし、多めの油（分量外）で、両面を良く色づくまで焼きます。

ババガヌーシュ

焼き茄子と、タヒニとスパイス等、ハモスと良く似た素材を加えてペーストにしたもので、一度食べたら忘れられない、癖になる味。ピタパンや薄焼きパンによく合いますが、トーストやバゲットなどカリッと焼いたものとあわせて素敵な前菜にもなります。

材料：2・1/2 カップ分

ナス	大 2 個
にんにく（潰す）	2 片
刻んだパセリ	大さじ 2
タヒニ又は白練りごま	大さじ 4
オリーブオイル	大さじ 2
レモン汁	大さじ 2
塩	小さじ 1 又は適量
クミンパウダー	小さじ 1
コショウ	小さじ 1/2

1 オーブンを 200 度に予熱します。天板に軽くオイルを塗るか、オーブンペーパーをしいておきます。
2 ナスを天板に並べ、フォークで刺して穴をあけ、オーブンで 30 ～ 40 分、途中裏返しながら柔らかくなるまで焼きます。オーブンから出し、軽く冷めたら皮を剥き、フードプロセッサーに移します。
3 残りの全ての材料を加えて、フードプロセッサーで滑らかになるまで回します。

> **メモ：**
> 焼きナスの要領で直火焼きして皮をむいた茄子を使っても良いでしょう。

ハモス

ハモスは、ゆでたひよこ豆に、ニンニク、練り胡麻、オリーブオイル、レモン汁などを加えてすりつぶしペースト状にしたもの。発祥の中近東だけでなく、世界中のビーガン料理として定番中の定番！サンドイッチやパンとは抜群の相性です。

材料：2・1/2 カップ分

茹でたひよこ豆（→ P27）	2 カップ
にんにく（潰す）	2 片
タヒニ又は白練りごま	大さじ 6
オリーブオイル	大さじ 2
レモン汁	大さじ 1
醤油	小さじ 1
クミンパウダー	大さじ 1
コショウ	小さじ 1/4
塩	小さじ 1 又は適量
ひよこ豆の茹で汁又は水	125cc（大さじ 8）

盛り付け：
オリーブオイル少々、パプリカパウダー又はクミンパウダー又はコショウ…少々

1 全ての材料を、フードプロセッサーで滑らかになるまで回します。
2 器に盛り付け、仕上げにオリーブオイルとスパイスで飾ります。

タプナード

地中海料理に使うオリーブペーストのソースです。野菜スティックやパンに添えたり、ピザソースやパスタソースとしても使えます。とても簡単に作れて、長持ちするので、たくさん作って冷蔵庫で常備するのも良いでしょう。

材料：3/4 カップ分

オリーブ（種を取る）	1 カップ
オリーブオイル	大さじ 1
刻んだパセリ	大さじ 1

1 全ての材料を、フードプロセッサーで滑らかになるまで回します。

クスクスのタブーレサラダ

オリジナルは、バルガー (bulgur) という粗引き麦を使いますが、ココでは入手し易いクスクスを使って簡単にアレンジしました。残りごはんを使っても良いでしょう。クスクスの半分以上の量のたっぷりパセリと、勢いよくたっぷり使ったオリーブオイル、レモン、こしょうがポイントです。

材料：4人分又はメインディッシュとして2人分

トマト（種を取り小さいさいの目切り）	1・1/2 カップ分
きゅうり（小さいさいの目切り）	1 カップ分
細かく刻んだパセリ	2・1/2 カップ分
赤玉ねぎ（みじん切り）	大さじ 2〜3
にんにく（みじん切り）	3片
オリーブオイル	大さじ 4
レモン汁	大さじ 2
引き立て粗挽き黒コショウ	小さじ 1・1/2
塩	小さじ 1・1/2 又は適量

クスクス

クスクス	125cc（大さじ 8）
オリーブオイル	大さじ 1
熱湯	125cc（大さじ 8）

1 クスクスを耐熱ボウルに入れ、オリーブオイル大さじ1で軽く和えます。熱湯を注ぎ完全に密閉されるよう蓋又はラップをします。

2 5分後、フォーク又は手でクスクスをほぐし、室温まで冷ましてから、残りの全ての材料と和えます。

イタリアン・トリコロール

トルティーヤはいろいろなお料理でアレンジが効く、万能ブレッドです。ここではペスト、ドライトマト、豆腐リコッタチーズを使ってイタリアンに変身。トリコロールカラーで見た目も鮮やかなおしゃれな1品が簡単に出来上がります。

材料：6個分
チャパティでトルティーヤ（→ P35）……………………… 6枚

フィリング：
フレッシュバジルペースト（→ P118）…………… 1・1/2 カップ
ドライトマトのマリネ（→ P96）………………… 2 カップ
豆腐リコッタチーズ（→ P97）…………………… 2 カップ
ルッコラ又はお好みの葉野菜（一口大に切る）… 2 カップ

1 トルティーヤに、フレッシュバジルペースト大さじ3を塗ります。
2 その上に、スライスしたドライトマトのマリネ、豆腐リコッタチーズ、ルッコラ各大さじ4を、中心より少し手前に置きます。
3 手前からしっかりと巻いていきます。ブリトーよりも細いラップになります。
4 好みで斜めに半分にカットします。

ドライトマトのマリネ

ドライトマトは、ソースに使えるだけでなく、味とうまみが凝縮されていてそのままでも美味しい。少し柔らかくして食べ易くし、たっぷりのオリーブオイルと、ガーリック、ハーブで素敵な前菜やおつまみにもなります。

材料：2カップ分

ドライトマト（30分水で戻し、良く水を切る）	2カップ
オリーブオイル	1カップ
にんにく（薄切り）	2片
イタリアンミックスドライハーブ	小さじ2
塩	少々（ドライトマトの塩分により加減する）
コショウ	少々

1 全ての材料を保存瓶に入れ、1時間以上マリネします。1日以上置くとさらに風味が増します。冷蔵庫で1ヵ月以上保存可能です。

豆腐リコッタチーズ

スーパーイージー豆腐チーズ。ポイントはしっかりと水切りすること。コクのあるチーズができます。メニューに困ったとき、時間が無いときに案外役立つ1品です。

材料：2カップ分

木綿豆腐（重しをしてしっかりと水切りをする）（→ P22） …400g
オリーブオイル……………………………………… 大さじ4
レモン汁…………………………………………… 大さじ2
刻んだバジル……………………………………… 大さじ2
ニュートリショナルイースト……………………… 大さじ2
◇代用品：白味噌大さじ1
塩…………………………………………………… 小さじ1・1/2

1 ボウルに豆腐を入れ、手で良くほぐします。
2 残りの全ての材料を加え、手でマッサージするように豆腐に味をなじませます。

エスニックピーナッツ味噌ロール

簡単であっと驚くユニークレシピ。こちらもリトリートで人気のメニューです！味噌とピーナッツバターで、甘くコクのあるソースは、トルティーヤととても良く合い、かなり病みつきになる美味しさです。

材料：6個分

チャパティでトルティーヤ（→ P35）……………………6枚
いんげん………………………………………………2カップ分
にんじん（いんげんの大きさに合わせて切る）……2カップ分
テンペの照り焼き（→下記参照）……………………2カップ
ピーナッツ味噌ソース（→下記参照）…………1・1/4カップ

1 インゲンとにんじんは軽く茹でるか、蒸します。
2 トルティーヤに、ピーナッツ味噌ソース大さじ2・1/2を塗ります。テンペの照り焼き数枚と、にんじんといんげんそれぞれ約1/4カップずつを、中心より少し手前に置きます。
3 手前からしっかりと巻いていきます。
4 好みで斜めに半分にカットします。

テンペの照り焼き

テンペは独特の匂いがあるので、香りのあるごま油とお醤油で、からっと香ばしく仕上げることで、食べ易くなり、気がつくとその独特な匂いの虜になっちゃうかもしれません。

材料：2カップ分

テンペ（1cm幅に薄切り）………………………… 225g
ごま油……………………………………………… 大さじ3
醤油………………………………………………… 大さじ2

1 フライパンにごま油を敷き、テンペの両面を、色づくまで焼きます。
2 醤油を入れ、テンペにからめます。焦げやすいので、香ばしい香りがしたら手早く火から下ろしましょう。

ピーナッツ味噌ソース

このソースは野菜スティックに添えたり、ゆで野菜の和え衣としても活躍します。お子様にも大人気です。

材料：1・1/4カップ分

赤味噌………………………………………………… 大さじ3
白味噌………………………………………………… 大さじ3
ピーナッツバター…………………………………… 大さじ6
ココナッツシュガーシロップ又は好みの甘味料……… 大さじ3

1 全ての材料を、ボウルで滑らかになるまでよく混ぜます。味噌が固すぎるようであればほんの少しの水を加えてのばします。

トルティーヤでスナックピザ

トルティーヤを使ったお手軽ピザ。オリジナルのピザ生地より軽くてヘルシー、作るのも楽しくて簡単です。

材料：6 枚分

チャパティでトルティーヤ（→ P35）………………………………… 6 枚
トマトソース又はフレッシュバジルペースト（→ P118）…… 1・1/2 〜 2 カップ
カシューチーズソース（→ P118）……………………………… 1/2 カップ
好みの野菜（適当な大きさに切り生のまま又は炒める）……………… 4 カップ分
オリーブ（種を取り、スライス）……………………………………… 大さじ 4
カシューナッツ又はブラジリアンナッツ・パルメザン（→ P67）… 大さじ 2 〜 3
好みのフレッシュハーブ……………………………………………… 大さじ 2 〜 3

1 オーブンを 200 度に予熱します。天板に軽くオイルを塗るか、オーブンペーパーをしいておきます。

2 各トルティーヤに、トマトソース又はフレッシュバジルペースト大さじ 3 〜 4 を塗ります。

3 その上に好みの野菜約 1/2 カップ分、カシューチーズソース、ハーブ、オリーブ各適量をのせ、オーブンで 10 〜 15 分ほど、表面に焼き色がつくまで焼きます。

4 カシューナッツ又はブラジリアンナッツ・パルメザンと好みのハーブを散らします。

Fun Woth Sushi
And More Nori Rolls

お寿司と海苔巻き

Here is the good news . . . sushi doesn't mean raw fish!!
So you can still enjoy sushi if you choose to be vegetarian or vegan
or even a raw foodist!
You don't have to be a sushi expert. You can make your own easily and
if you do, of course, it tastes phenomenonal!

ベジタリアンもローフーディストだってお寿司は大好き。
誰でも簡単にできるレシピのバリエーションをご紹介します。

基本の海苔巻き

どんなに不格好でも、自分で巻いたお寿司はとっておきに美味しい。
アボガドが主役となるので、けちらずたっぷりと使いましょう。

材料：太巻で約4本、細巻きで約8本分

玄米（洗って一晩浸水）	3合
昆布	ひとかけ
アボカド（太めにスライス）	2個
きゅうり（千切り）	2本
にんじん（千切り）	1本
海苔	4〜8枚

寿司酢：

米酢	大さじ5
ココナッツシュガーシロップ又は好みの甘味料	大さじ3
塩	小さじ1・1/3

盛り付け：

醤油、わさび	適量

1. 寿司飯を用意します。炊飯器に研いだ米、玄米の目盛り線まで水を入れ、昆布をのせてスイッチを入れます。
2. ボウルで寿司酢の材料を全て合わせよく混ぜます。
3. ご飯が炊きあがったら、そのまま10〜15分蒸らし、昆布を取り出します。
4. 木桶を軽く水で濡らし、熱いうちにご飯をあけて合わせ酢を全体に回しかけ、1分ほどそのままおいて蒸らします。
5. 団扇で扇ぎながら、切るように手早く混ぜ、木桶全体に広げるようにして冷まします。
6. 巻きすに海苔を置き、水で手を濡らし、太巻きであれば寿司飯の1/4量、細巻きであれば寿司飯の1/8量を手に取って軽くまとめ、寿司飯を巻き終わり2.5cm残して全体に均等に広げます。
7. きゅうり、アボカドを寿司飯の中央にならべます。
8. 指で具を押さえながら、巻きすごと持ち上げ、手前の寿司飯と向こう側の寿司飯の端どうしが合わさるように巻きます。巻き終わりの海苔部分を、水で湿らせると、しっかりと海苔がつきます。巻き終わりを下にして巻きすの上から両手で軽く押さえて形を整えます。
9. 全ての具材と酢飯を巻き終わったら、濡らしたよく切れる包丁で、海苔巻きを6〜8等分します。
10. 醤油、わさびを添えていただきましょう。

お米不使用！ テンペ海苔巻き

巻きすもいらない簡単海苔巻き。海外では一般的な、照り焼きチキン海苔巻きからヒントをえて、照り焼きテンペで、ボリュームを出しました。冷蔵庫で眠っている残り野菜を何でも巻いてみてください。

材料：食べたい分だけ

ほうれん草、ルッコラ、千切りキャベツなど好みの葉野菜
テンペの照り焼き（→ P99）
細く切ったにんじん、きゅうり、アボカドなど好みの野菜又は残り野菜何でも
海苔
ごまだれ（→下記参照）

1 巻き終わり 2.5cm 残して、葉野菜をご飯の代わりに見立て海苔の上に均等に広げます。
2 葉野菜のまん中に沿って、テンペ、好みの野菜をのせ、ごまだれを中心に沿ってに垂らします。
3 手前を軽く持ち上げ、しっかりと野菜を巻きます。巻き終わりの海苔部分を、少量のごまだれ又は水で湿らせると、しっかりとのりがつきます。
4 海苔巻きと同様に 6 等分するか、又はブリトーのように、そのままかぶりつきましょう。

ごまだれ

和風ソースの黄金比。簡単なので今ここで、暗記しちゃいましょう。レシピを見なくても、あっという間にいつでも作れます。家族や友達だけでなく、海外からのお友達にも、間違いなく大好評のたれです。ドレッシングとしても活躍します。お好みで、ショウガやニンニク、チリやネギ等を入れても良いでしょう。

材料：2/3 カップ分

白練りごま	大さじ 3
醤油	大さじ 2
米酢又は好みの酢	大さじ 2
ココナッツシュガーシロップ又は好みの甘味料	大さじ 2

1 全ての材料を、ボウルで混ぜ合わせます。

ローでツナ風海苔巻き

ローフーディストでも楽しめるお寿司です。ちょっと洋風に仕上げたツナ風パテで、かわり海苔巻きをお楽しみください。

材料：食べたい分だけ

生海苔
アルファルファスプラウト
好みの葉野菜
アボカドスライス又は好みの野菜
ヒマワリの種でツナ風パテ（→下記参照）

1 巻き終わり 2.5cm 残して、アルファルファスプラウトをご飯の代わりに見立て海苔の上に均等に広げます。
2 アルファルファスプラウトのまん中に沿って、好みの葉野菜、アボカド、ツナ風パテを並べ、手前を軽く持ち上げ、しっかりとフィリングを巻きます。巻き終わりの海苔部分を、水で湿らせると、しっかりと海苔がつきます。
3 海苔巻きと同様に 6 等分するか、又はブリトーのように、そのままかぶりつきましょう。

ヒマワリの種でツナ風パテ

野菜のディップやクラッカーに乗せて食べるのもおすすめです。

材料：4カップ分

アーモンド（8〜12時間浸水し、洗って水を切る）	1 カップ
ひまわりの種（6〜8時間浸水し、洗って水を切る）	1・1/2 カップ
水	125cc（大さじ 8）
にんにく（みじん切り）	2 片
レモン汁	大さじ 4
オリーブオイル	大さじ 2
ちぎった海苔	1/2 枚分
塩	小さじ 2
コショウ	小さじ 1/2
カシューマヨネーズ（→ P61）	1 カップ
細かく刻んだセロリと青ネギ	各 1/2 カップ
細かく刻んだディル	大さじ 4

1 アーモンド、ひまわりの種、水をフードプロセッサーで細かくなるまで回します。
2 セロリ、青ねぎ、ディル以外の全ての材料を加えて良く混ざるまで回します。
3 ボウルに移し、セロリ、青ねぎ、ディルを加え、均等にまぜ合わせます。

Italian Pastas & Exsotic Variations

イタリアンパスタとエスニック風アレンジ

East meets West! Classic versus unique, which one is your favourite?

東西融合の麺料理。古典派 vs ユニーク、あなたのお好みはどちら？

パスタの茹で方

基本のゆでかたをマスターすれば、パスタは実はそれだけでも本当に美味しい。決め手は、水と塩の比率と茹で加減にあります。適度の塩を入れて茹でることで、パスタ自体にしっかりと下味をつけます。

材料：2人分

好みのパスタ……………… 160g（1人前は約80g）
水……………………………………… 4ℓ
塩……………… 大さじ2（水の1％の量）
オリーブオイル………………………小さじ1

1 鍋に水、塩、オリーブオイルを入れ、沸騰させます。油を加えることでパスタ同士がくっつきあうのをふせぎます。

2 パスタを入れ、優しくかき混ぜながら再度沸騰させます。

3 火を弱め、アルデンテ（こしのある堅さ）になったらザルに上げます。茹ですぎた場合は冷水にとり、麺を締めます。

ナスとオリーブのトマトソースパスタ

古典的イタリアンパスタ。みんな大好きな定番です！

材料：2本分

好みのパスタ	160g
オリーブオイル	大さじ4
にんにく（薄切り）	1片
赤唐辛子（種を取って刻む）	1/2本（オプション）
ナス（さいの目切り）	1本
トマトソース（→下記参照）	2・1/2カップ
オリーブ（種を取って薄切り）	10個

盛り付け：

カシューナッツ又はブラジリアンナッツ・パルメザン（→P67）	大さじ2〜3
刻んだパセリ	大さじ2〜3

1 フライパンでオリーブオイルを温め、にんにくと赤唐辛子を入れ、香りが出て、軽く色づくまで弱火にかけます。
2 ナスを加えて、色づくまで炒めます。
3 オリーブ、トマトソースを加え、3〜5分煮詰めます。
4 パスタの茹で方（→P107）を参照し、パスタを準備します。
5 茹であがったパスタとソースを和え、仕上げにパルメザンとパセリを散らします。

トマトソース

野菜でコクを出すソースの基本です。野菜はたっぷりのオリーブオイルで、じっくりと煮込んで、甘味とうまみを最大限に引き出しましょう。特別なトマトソースは、意外と簡単におうちで作れますよ。

材料：4〜5カップ分

にんにく（みじん切り）	1片
玉ねぎ（みじん切り）	1個
にんじん（みじん切り）	1本
セロリ（みじん切り）	1/2本
オリーブオイル	125cc（大さじ8）
塩	小さじ1
イタリアンドライミックスハーブ	小さじ2
フレッシュトマト又はホールトマト缶（ハンドミキサーでピューレ状にする）	800g

1 鍋でオリーブオイルを温め、にんにくと玉ねぎを入れ、5分ほど、軽く色づくまで弱火にかけます。
2 にんじん、セロリ、ハーブ、塩を加え、蓋をして10〜15分炒めます。
3 ピューレ状にしたホールトマトを加え、中火にし、沸騰したらごく弱火にし、30〜45分ほど煮詰めます。

マッシュルームのクリームパスタ

ホワイトソースとキノコの相性は抜群です。マッシュルームの代わりにいろんな野菜でも試してみてください。私のお気に入りは、甘〜い旬のくりカボチャです。

材料：2本分

好みのパスタ……………………………160g
オリーブオイル………………………大さじ4
にんにく（薄切り）……………………1片
赤唐辛子（種を取って刻む）…1/2本（オプション）
エリンギ等好みのマッシュルーム（薄切り又は一口大に切る）………………………5カップ
ホワイトソース（→下記参照）…2・1/2カップ

盛り付け：

カシューナッツ又はブラジリアンナッツ・パルメザン（→P67）……………大さじ2〜3
刻んだパセリ……………………大さじ2〜3

1 フライパンでオリーブオイルを温め、にんにく、赤唐辛子を入れ、香りが出て、軽く色づくまで弱火にかけます。
2 マッシュルームを加え、色づくまで炒めます。
3 ホワイトソースを加え、数分煮ます。
4 パスタの茹で方（→P107）を参照し、パスタを準備します。
5 茹であがったパスタとソースを和え、仕上げにパルメザンとパセリを散らします。

ホワイトソース

乳製品無しで作るホワイトソースです。一度食べたらもうあのバターっぽい、重いホワイトソースには戻れませんよ。ポイントは、玉ねぎをゆっくりと時間をかけて色づくまで炒めることと、完全に粉に火が通るまで良く炒めることです。パスタはもちろん、ピザやグラタンやタルトにも使えるクリームソースです。

材料：3・1/2カップ分

オリーブオイル……………125cc（大さじ8）
マスタードシード…………………小さじ1
にんにく（みじん切り）……………1片
玉ねぎ（みじん切り）…………………1個
塩…………………………………小さじ1・1/2
イタリアンドライミックスハーブ……小さじ2
小麦粉又はスペルト粉………………大さじ5
豆乳又はライスミルク又はナッツミルク…700cc

1 鍋でオリーブオイルを弱火で温め、マスタードシードを加えます。
2 マスタードシードが弾けはじめたら、にんにく、玉ねぎ、塩を加え、蓋をして弱火で3〜5分、軽く色づくまで炒めます。
3 ハーブを加え、さらに数分炒めます。
4 小麦粉をふるいにかけながら加え、だまにならないようによく混ぜながら完全に火を通します。ゆっくりと豆乳又はライスミルク又はナッツミルクを注ぎ、その都度よく混ぜます。
5 ソースにとろみがつくまでよく混ぜながら煮詰めます。

ひじきとテンペマリネのパスタ

ひじき＋テンペ＋オリーブ＋和風ドレッシングというこの意外な組み合わせは、私の一押しです！
パスタソースだけでなく、ごはんやパンの上に乗せても美味しいですよ。

材料：2人分

好みのパスタ	160g
テンペ（薄切り）	110g
ひじき（水で30分戻し、水切りをする）	ひとつかみ
オリーブ（種を取って刻む）	大さじ4
ブロッコリー（小房に切り分け、軽く茹でる又は蒸す）	1カップ
パプリカ（薄切り）	1/2個

マリネ液：

オリーブオイル	大さじ4
醤油	大さじ1
バルサミコ酢	大さじ1
にんにく（みじん切り）	1片
ディジョンマスタード	小さじ1
オニオンパウダー	小さじ1
刻んだ好みのハーブ	大さじ1（又はドライ小さじ1）
塩	小さじ1/2

1 テンペは、フライパンに軽くオイル（分量外）を敷き両面色づくまで焼いてから手でほぐします。
2 マリネ液は、全ての材料をボウルで合わせます。
3 ひじき、テンペをマリネ液と合わせ、30分以上マリネします。
4 パスタの茹で方（→ P107）を参照し、パスタを準備します。
5 茹であがったパスタとオリーブ、ブロッコリー、パプリカを、ひじきとテンペのマリネの入ったボウルで和えます。

しそと梅干しの和風パスタ

梅干しはパスタとも相性抜群！ お子様も喜ぶ、食べ易い和風パスタです。

材料：2本分

好みのパスタ	160g
しその葉（千切り）	10枚
ミニトマト（半分に切る）	3/4カップ
オリーブ（種を取って刻む）	大さじ4
海苔（千切り）	1/2枚

梅干しクリームソース：

梅干し（種を取って刻む）	大4個又は小6個
デーツ（種を取って刻む）	大さじ4
白練りごま又はタヒニ	大さじ4
オリーブオイル	大さじ4
水	125cc（大さじ8）

盛り付け：

刻んだしその葉	大さじ2〜3
引き立て粗挽きコショウ	少々

1　梅干しクリームソースは、全ての材料をブレンダー（ミキサー）で滑らかになるまで撹拌します。
2　パスタの茹で方（→ P107）を参照し、パスタを準備します。
3　茹であがったパスタとソース、残りの材料を和え、仕上げに刻んだしその葉、黒コショウを散らします。

ローズッキーニパスタと 3 種の基本ローソース

とても簡単！ソースはディップとして又はパンやクラッカーに添えたりと活躍します。もちろんズッキーニパスタだけでなく、普通のパスタにかけても美味しいですよ！

材料：食べたい分だけ

ズッキーニ（皮をむく）
フレッシュバジルペースト（→ P118）又はカシューチーズソース（→ P118）又は簡単ロートマトソース（→ P119）の中から好みのソース
カシューナッツ又はブラジリアンナッツ・パルメザン（→ P67）

1 ズッキーニをスパイラルスライサー（菜麺器）でパスタ状にします。（→下記メモ 2 参照）
2 好みのソース 1 種類とズッキーニを和えます（お好みでもう 1 種類のソースを上からかけても良いでしょう）。
3 カシューナッツ又はブラジリアンナッツ・パルメザンを散らします。

メモ 1：
ズッキーニから水が出てソースが薄まってしまうので、いただく直前にソースと和えましょう。もし、和えてからしばらく置いておきたい場合は、あらかじめズッキーニに軽く塩をして、30 分置き、出てきた水を絞ってから、ソースと和えれば、水分はあまりでてきません。

メモ 2：
スパイラルスライサー（菜麺器）を使用すると、色んな野菜をスパゲッティ状にスライスすることができます。野菜麺はリトリートでも毎日人気のメニューです。便利な道具なのでおすすめします。スパイラルスライサー（菜麺器）がなければ、ズッキーニを縦に薄切りにしてから千切りにし、平麺に見立てて使いましょう。

フレッシュバジルペースト

バジルペーストソースのレシピは山程あるけれど、基本的には、手に入るバジルの量によって、他の必要な材料を揃えて、大胆に、自分の感覚を信じてブレンドすれば、案外美味しく出来上がります。ハーブをパセリ等に置き換えたり、別のナッツを使ってもユニークな物が出来ますよ。ニュートリショナルイーストは、チーズ風味を出してくれます。冷蔵庫で1ヵ月以上持ちます。

材料：1・1/2 カップ分

バジル	4 カップ
カシューナッツ又は松の実又は好みのナッツ	2/3 カップ
オリーブオイル	125cc（大さじ8）
にんにく（潰す）	1〜2片
ニュートリショナルイースト	大さじ1
◇代用品：白味噌	
塩	小さじ1又は適量

1 全ての材料を、フードプロセッサーで回します。食感が残るよう、軽く回して、すぐ止め、ゴムベラで回りについた材料をすくいとり、また軽く回すの繰り返しで、回し過ぎを防ぎます。

2 保存瓶に入れ、酸化を防ぐために表面を完全にオリーブオイルで覆います。

> メモ：
> 味が決まらないときに何度もブレンドし直すと黒くなってしますので、作るときは、手早くさっと回して終わりにします。もし色が黒くなりだしたら、オリーブオイルをもう少し加えて緑色をキープしましょう。

カシューチーズソース

チーズ無しで、しかもロー（生）で、かつ何よりも簡単に、こんなに美味しいチーズ風味のソースができてしまうのです。ローフードに興味の無い私の友だちですら夢中にさせるこのソースは、パスタだけでなく、いろんなお野菜にかけたり、バーガーやパンのお供としても活躍します。

材料：2・1/2 カップ分

カシューナッツ（2〜4時間浸水し、洗って水を切る）	2・1/2 カップ
オリーブオイル	大さじ4
レモン汁	大さじ3
白味噌又はニュートリショナルイースト	大さじ2
塩	小さじ1/2
水	125cc（大さじ8）

1 全ての材料を、ブレンダー（ミキサー）で滑らかになるまで撹拌します。

簡単ロートマトソース

たとえローフーディストでなくても、こんなに簡単に、新鮮な、美味しいトマトソースが作れるのだから、ぜひともレパートリーに入れていただきたい1品です。

材料：2・1/2〜3カップ分

ドライトマト（30分水で戻し、水を切る）	1・1/4カップ
トマト（ざく切り）	2カップ分
オリーブオイル	125cc（大さじ8）
にんにく（潰す）	1片
イタリアンドライミックスハーブ	小さじ2
塩	小さじ1/2
コショウ	少々

1 全ての材料を、フードプロセッサーで滑らかになるまで回します。

Asian Favorites

お気に入りアジアン料理

The most popular Asian ethnic dishes!

人気の高い定番の簡単アジアンエスニック料理を集めました！

中華風　豆腐と野菜の甘酢あん

酢豚をベジタリアンでアレンジしてみました。甘味と酸味が絶妙の甘酢あんは、いつもリトリートでの大人気メニュー。熱々ごはんと良く合います。

材料：4人分

重しをしてしっかり水切りをした木綿豆腐（→ P22）	400g
ごま油	大さじ2
好みのオイル	大さじ2
にんにく（みじん切り）	2片
みじん切りしょうが	大さじ1
玉ねぎ（乱切り）	1/2個
パプリカ（乱切り）	1個
ベビーコーン、ブロッコリー、パイナップル（乱切り）	各1〜1・1/2カップ分
くず粉（大さじ4の水で溶いておく）	大さじ1

甘酢あん

米酢又は好みの酢	大さじ4
醤油	大さじ4
ココナッツシュガーシロップ又は好みの甘味料	大さじ4
即席フレッシュケチャップ（→ P62）	大さじ4

◇代用品：刻んだドライトマト大さじ3（30分浸水する）

1 甘酢あんは、全ての材料をボウルで良くまぜます。（ドライトマトを使用する場合はブレンダー（ミキサー）で滑らかになるまで撹拌します。）

2 フライパンにごま油を敷き、豆腐の両面を色づくまで焼いてから、2.5cmの角切りします。

3 中華鍋に好みのオイルを敷き、全体に油を回します。にんにくとしょうがを加え、数秒炒めて香りが出てきたら、玉ねぎを加えます。軽く混ぜ、パプリカ、ベビーコーン、ブロッコリーを加え数分炒めます。

4 甘酢あんを加え、火を強め、手早く混ぜます。少し濃度がついたら、豆腐とパイナップルを加え、2、3分煮つめます。

5 最後に水で溶いたくず粉を加えて約1分、又は適度なとろみがつくまで煮つめます。

バリ風　テンペの串焼き　ピーナッツソース添え

インドネシアでは、テンペの串焼きは庶民の味ですが、スパイシーなソースでおしゃれして、立派なディナーに変身です！ココナッツミルクの甘味、チリ、にんにく、しょうがの刺激、ライムの爽やかさ、ピーナッツのコクがやめられないとまらないピーナッツソースです！

材料：8本分

テンペ（3cmに角切り）	125g
しいたけ（半分に切る）	4枚
黄パプリカ（3cmに角切り）	1個
ミニトマト	8個
ごま油、醤油	各少々

ピーナッツソース

ローストピーナッツ	125cc（大さじ8）
にんにく（潰す）	2片
ココナッツミルク	大さじ4
ココナッツシュガー又は好みの甘味料	大さじ2
醤油	大さじ1
ライム又はレモン汁	小さじ1・1/2
オニオンパウダー	小さじ1
チリパウダー	小さじ1/2
塩	小さじ1/2

1　ピーナッツソースは、全ての材料をブレンダー（ミキサー）に入れ、滑らかになるまで撹拌します。
2　グリルを予熱します。グリルがなければ、オーブンを予熱し、天板に軽くオイルを塗るか、オーブンペーパーをしいておきます。
3　テンペとしいたけをごま油と醤油少々で軽く絡めます。
4　しいたけ、パプリカ、テンペ、ミニトマトの順に竹串に刺します。
5　グリルで10〜15分、両面が色づくまで焼きます。
6　ピーナッツソースを添えていただきましょう。

> **メモ：**
> グリルが無ければ、あらかじめ全ての具材をフライパンで炒めてから竹串に刺しても良いでしょう。

焼き春巻き　甘辛ピーナッツたれ添え

チェンマイのクッキングクラスで習った揚げ春巻きと、母が昔よく作ってくれた中華風春巻きをアレンジし、ヘルシーに再現しました。リトリートでの大ヒットメニューです。ピーナッツダレがなんともあと引く美味しさです。

材料：12〜16本分

20cm×20cmの春巻きの皮 ……… 12〜16枚
ごま油（春巻きの皮に塗る用）……………適量

フィリング

ごま油……………………………………大さじ3
にんにく（みじん切り）………………………2片
しいたけ（千切り）……………………………6枚
重しをしてしっかり水切りをした木綿豆腐
（→ P22）………………………………… 200g
千切りキャベツ………………1〜1・1/2カップ分
刻んだ青ねぎ…………………………………大さじ4
醤油……………………………………………大さじ2
ココナッツシュガー又は好みの甘味料…大さじ1
コショウ………………………………………小さじ1/2
塩………………………………………………小さじ1/2
春雨……………………………………………50g
白すりごま……………………………………大さじ6

甘辛ピーナッツたれ

ココナッツシュガー又は好みの甘味料………
　　　　　　　　　　　　　　　　　大さじ4
米酢又は好みの酢………………………大さじ3
チリパウダー……………………………小さじ1/2
水………………………………125cc（大さじ8）
ローストピーナッツ（細かく刻む）…… 大さじ4

1　豆腐は手で細かくほぐしておきます。春雨は、熱湯に3〜5分又は柔らかくなるまで浸し、冷水で洗って良く水を切り、約5cm幅に切ります。

2　甘辛ピーナッツたれは、ピーナッツ以外の全ての材料を鍋に入れ、弱火で半量になるまで煮詰めて、火を止めてからピーナッツを加えます。

3　フィリングは、フライパンにごま油を敷き、にんにくとしいたけを中火で数分炒めます。

4　春雨と、白すりゴマ以外の全ての材料を加え、水分が完全になくなるまで炒めます。

5　火から下ろして春雨と、白すりゴマを加え、冷まします。

6　オーブンを200度に予熱します。天板に軽くオイルを塗るか、オーブンペーパーをしいておきます。

7　春巻きの皮の両面に軽くごま油を塗ります。

8　皮の角が手前になるように春巻きの皮を置き、手前4cmを残し、中央部にフィリング大さじ4〜6程を乗せ、左右を折りたたみ、手前からやさしく巻いていきます。（皮が破れ易くなるのでフィリングの汁は入れないようにしましょう。）全ての材料を、しっかりと巻きこみます。

9　春巻きの巻き終わりが下になるよう天板に並べます。

10　オーブンに入れ、約20分又は色づくまで焼きます。

11　甘辛ピーナッツたれを添えていただきましょう。

韓国風　コーンと大根のチヂミ

韓国料理の定番、チヂミもベジタリアンで！本当に簡単なので10分あればできちゃいます。
パーティーの前菜や、メインディッシュに、そのままおやつに食べても美味しい！

材料：4人分

大根（千切り）	500g
塩	小さじ1
とうもろこしの実又は冷凍コーン（解凍する）	2・1/2カップ分
にら（5cm幅に切る）	2・1/2カップ分
小麦粉又はスペルト粉	140g
くず粉（水3/4カップで溶いておく）	大さじ4
コショウ	小さじ1/2
ごま油（チヂミを焼く用に）	適量

つけだれ

醤油	大さじ3
ごま油	大さじ2
米酢又は好みの酢	大さじ2
ココナッツシュガーシロップ又は好みの甘味料	大さじ1
みじん切りにんにく、おろししょうが、刻んだ青ネギ、荒挽き唐辛子	各小さじ1

1 つけだれは、全ての材料を、ボウルで合わせます。
2 大根をボウルに入れ、塩で軽く和え、数分置きます。
3 チヂミを焼く用のごま油以外の残り全てのを加え良く混ぜます。
4 フライパンに多めのごま油を敷き、弱火にかけます。
5 1/4の量の生地を入れ、均一に生地を薄く広げ、蓋をして4〜5分焼きます。
6 ひっくり返してからさらに4〜5分、蓋をしないで焼きます。
7 一口大に切り分け、つけだれを添えて、いただきましょう。

タイ風焼きそば　パッタイ with 豆腐エッグ

よりヘルシーで、しかもより美味しくなったビーガンバージョン、タイフードの人気ナンバーワン料理パッタイです。卵をお豆腐でアレンジしました。

材料：4人分

ライスヌードル（太ビーフン）…200g
ごま油………………………… 大さじ4
にんにく（みじん切り）………… 1片
すりおろししょうが………… 大さじ1
もやし………………… 1・1/2 カップ
ベビーコーン（細切り）… 1 カップ分
赤パプリカ（細切り）…………… 1個
にら又は青ネギ（5cmに切る）………
………………………… 1/2 カップ分

盛り付け：

ローストピーナッツ（粗く刻む）……
……………………………… 大さじ6
くし切りライム又はレモン……… 数個

豆腐のたまご風

重しをしっかりと水切りをした木綿豆腐（→ P22）……
……………………………………………… 200g
ごま油………………………………… 大さじ2
ブラックソルト（→下記参照）……… 小さじ1/2
◇代用品：通常の塩
醤油………………………………… 小さじ1
ターメリックパウダー……………… 小さじ1/2

パッタイソース

醤油………………………………… 大さじ6
ココナッツシュガーシロップ又は好みの甘味料………
……………………………………………… 大さじ3
ライム又はレモン汁………………… 大さじ2
粗挽き唐辛子……………………… 小さじ1/4
コショウ…………………………… 小さじ1/4

1 ライスヌードルは、熱湯で15分又は柔らかくなるまで戻し、洗って水を切ります。
2 豆腐のたまご風は、フライパンにごま油を敷き、中火で、手で良くほぐした豆腐を残り全ての材料と共に数分炒め、ボウルに移します。
3 パッタイソースは別のボウルで全ての材料を合わせます。
4 大きめのフライパンか中華鍋にごま油を敷き、中火でにんにく、生姜を炒め、全ての野菜を加え、柔らかくなるまで数分炒めます。
5 パッタイソースを加え、強火でからめ、米麺を加え混ぜ、又は汁気がなくなるまで炒めます。
6 豆腐のたまご風を（盛り付け用に少量残して）加え全体を均等に混ぜます。
7 仕上げにピーナッツと残した豆腐のたまご風を散らし、ライムを添えていただきましょう。

メモ：
ブラックソルトとは、硫黄の含有量が高く、卵のような味と香りを持ちます。ヒマラヤの、マグマで形成されたこの塩は、アーユルヴェーダでは昔から、医療用にも使われてきたもので、非常に還元力の強い食べ物です。

タイ風 春雨サラダ　ヤムウンセン

フレッシュハーブの香と、甘辛酸っぱいドレッシングの風味と、クランチーなピーナッツの食感との組み合わせがたまらない美味しさです。

材料：4人分

春雨	120g
ごま油	大さじ2
しいたけ（薄切り）	5枚
セロリ（薄切り）	2本
赤、黄パプリカ（薄切り）	各1個
玉ねぎ（薄切り）	1/2個
テンペの照り焼き（→ P99）	220g
ミニトマト（半分に切る）	1・1/2カップ
ローストピーナッツ（細かく刻む）	1/2カップ
刻んだコリアンダーの葉	大さじ4

ヤムウンセンソース

ごま油	大さじ2
にんにく（みじん切り）	3片
ライム又はレモン汁	大さじ8
醤油	大さじ4
ココナッツシュガーシロップ又は好みの甘味料	大さじ4
塩	小さじ2
粗挽き唐辛子	小さじ1

1 春雨は、熱湯に3〜5分又は柔らかくなるまで浸し、冷水で洗って良く水を切り、約10cm幅に切ります。

2 ヤムウンセンソースは、全ての材料を、ボウルで合わせます。

3 ヤムウンセンソースの半量を、春雨と和えておきます。

4 フライパンにごま油を敷き、しいたけ、セロリ、パプリカ、玉ねぎを中火で数分炒め、残りのヤムウンセンソースを絡めます。

5 火を止め、春雨と、残りの材料と合わせます。

ほうれん草と豆腐チーズのインドカレー　パラクパニール

北インド料理の中でも特に人気の、ほうれん草カレーをベジタリアンでアレンジし、身体に優しく軽めに仕上げました。パラクとはほうれん草のこと。パニールとはインドのカッテージチーズのことです。

材料：6〜8人分

ほうれん草の葉	7・1/2 カップ分
好みのオイル	大さじ4
クミンシード	小さじ2
にんにく（みじん切り）	2片
しょうが（みじん切り）	1片
玉ねぎ（みじん切り）	1個
トマト（小さく刻む）	1個
塩	小さじ2又は適量
コリアンダーシードパウダー	小さじ1
クミンパウダー	小さじ1
チリパウダー	小さじ1又は適量
豆腐リコッタチーズ（→ P97）	2 カップ

グレービーソース

玉ねぎ（皮を剥く）	2個
トマト	1個
カシューナッツ	3/4 カップ
ベイリーフ	2本
シナモンスティック	1本
ターメリックパウダー	小さじ1
水	500cc

盛り付け：

刻んだコリアンダーの葉	大さじ2〜3
しょうが（極細千切り）	1片

1 ほうれん草は、軽く茹でるか蒸しておきます。

2 グレービーソースは、全ての材料を圧力鍋に入れ、火にかけます。鍋のピンが上がり、圧がかかったら火から下ろし、完全に圧が抜けるまで放置します。圧力鍋がなければ、水を1/2カップ分足して全ての材料を鍋に入れ、蓋をして、玉ねぎが完全に柔らかくなるまで煮込みます。

3 冷めたら、ベイリーフとシナモンスティックを取り除き、ほうれん草と共にブレンダーで滑らかになるまで撹拌します。

4 鍋にオイルを敷き、弱火でクミンシードを火にかけます。

5 香りが出てきたら、にんにくとしょうがを加えます。

6 玉ねぎと塩を加え、蓋をして弱火で3〜5分、柔らかくなるまで炒めます。

7 トマトと残りのスパイスを加え、10〜15分煮ます。

8 ほうれん草とグレービーソースのピューレを加えて温めます。

9 豆腐リコッタチーズを（盛り付け用に少量残して）加え混ぜます。

10 仕上げにコリアンダーの葉、生姜の千切り、残した豆腐リコッタチーズを散らします。

サブジ ～インド風野菜の煮込み～

サブジは通常1～2種類だけの野菜を使います。サブジソースは冷蔵庫で1週間保存可能なので、多めに作って日替わりで色んな野菜でサブジを試して、お気に入りを見つけてください。じゃがいもとカリフラワーのサブジは、アルーゴビサブジと呼ばれ、インドでも人気の定番サブジ。チャパティやごはんのおかずにぴったりです。私はカボチャやさつまいもなどの甘味のある野菜を使うのがお気に入りです。

材料：4人分

好みの野菜（茹でる又は蒸してから一口大に切る）… 7・1/2カップ分
ココナッツミルク……………………………………… 大さじ4又は適量

サブジソース

ドライココナッツ	1カップ
青唐辛子（種を取って刻む）	3本又は適量
しょうが（薄切り）	1かけ
カレー粉	大さじ1
水	3/4カップ
好みのオイル	大さじ4
マスタードシード	小さじ1
クミンシード	小さじ2
玉ねぎ（薄切り）	3個
にんにく（みじん切り）	4片
塩	小さじ2
コリアンダーシードパウダー	大さじ1
ターメリックパウダー	小さじ1

1 サブジソースは、ココナッツ、青唐辛子、しょうが、カレー粉、水を、フードプロセッサーでピューレ状になるまで回します。
2 鍋でオイルを温め、マスタードシードを加えます。
3 マスタードシードが弾けはじめたら、クミンシード、玉ねぎ、にんにく、塩を加え、弱火で、軽く色づくまで炒めます。
4 ピューレ状にしたココナッツと、残りのスパイスを全てを加え、蓋をして、焦げないように時々混ぜながら、弱火で5～10分炒めます。
5 大きめの鍋にココナッツミルクとサブジソースを入れ温めます。
6 好みの野菜を加え、数分煮たら完成です。お好みの濃度に仕上げるために、必要であれば少々水又はココナッツミルクを足して加減してください。

インド風 焼きナスのココナッツソース

偶然に出来たレシピが、意外にも評判を呼んだ1品です。

材料：4人分

ナス（縦長に 0.7 cm の薄切り） ……………… 4本
好みのオイル（ナスを焼く用） ………………… 適量

フィリング：

リタのココナッツチャツネ（→ P63）…… 1カップ

盛り付け：

粉末状にしたドライココナッツ………………… 適量

1 フライパンに多めに油を敷き、中火でナスを両面色づくまで焼きます。
2 焼いたナスに、巻き終わり 2.5cm 残し、ココナッツチャツネ大さじ 1 をのせ、手前から巻きます。
3 チャツネを巻いたナスを盛り付け、上かドライココナッツを散らします。

Desserts & Breakfast Bakings
デザート＆朝食スイーツ

**Egg-free, dairy-free vegan sweets for everyone!
They are indeed quite surprisingly easy to make!**

牛乳や卵アレルギーの方でも安心して食べられる、
体に優しく美味しいビーガンスイーツです！

そば粉のパンケーキ
焼きバナナと豆腐ホイップクリーム添え

グルテン無し、白砂糖無し、スーパーヘルシー＆美味しーパンケーキです！

材料：直径10cmのパンケーキ6枚分

そば粉	130g (1・1/4 カップ)
ベーキングパウダー	小さじ 1
塩	ひとつまみ
豆乳又はライスミルク又はナッツミルク	250cc (1・1/4 カップ)
メープルシロップ又は好みの液体甘味料	大さじ 1～2
バニラエキストラクト	小さじ 1
ココナッツオイル又は好みのオイル（パンケーキを焼く用）	適量

盛り付け：

豆腐ホイップクリーム（→下記参照）	適量
バナナ（縦に半分に切りココナッツオイルで軽くソテーする）	2～3本
メープルシロップ	適量

1 そば粉、ベーキングパウダー、塩をボウルにふるい入れます。

2 別のボウルに、豆乳又はライスミルク又はナッツミルク、メープルシロップ、バニラエクストラクトを合わせてから、粉類のボウルに加え、生地がまとまるまで良く混ぜます。

3 フライパンにオイルを敷き、熱してから生地約大さじ4を流し込み、素早く直径10cmの円形に伸ばします。

4 蓋をして弱火で約5分、表面に気泡が出てくるまで焼いたらひっくり返し、さらに数分、蓋をしないで焼きます。

5 ソテーしたバナナ、豆腐ホイップクリームを添え、メープルシロップをかけてお召し上がりください。

豆腐ホイップクリーム

私の友だちはみんなご存知の通り私は甘いクリームが大大大好物！ケーキにマフィンにパンケーキに、何にでも乗っけたくなる美味しすぎるクリームです。

材料：2カップ

重しをしてしっかりと水切りをした木綿豆腐（→ P22）	250g
メープルシロップ	50cc (1/4 カップ)
ココナッツミルク	50cc (1/4 カップ)
バニラエクストラクト	小さじ 1

1 全ての材料を、ブレンダーで滑らかになるまで撹拌します。ブレンダーが、きちんと回転するよう、水分が足りなければ、溶かしたココナッツオイル（分量外）か、ココナッツミルクを少量加えて調節してください。

> **メモ：**
> クリームが柔らかすぎるようであれば、溶かしたココナッツオイル（分量外）を少し加えることで、冷蔵庫に入れると固まります。

デーツ・バー

簡単にできて、とってもおいしく、デーツとナッツの組み合わせで栄養もたっぷり。朝食にもおやつにも最適です。

材料：30×20cm の角型 1 台分

オートミールクラスト：

オートミール	720g
クルミ	1・1/4 カップ（120g）
塩	小さじ 1/2
ココナッツオイル（固まっている場合は溶かす）又は好みのオイル	125cc（大さじ 8）
メープルシロップ又は好みの液体甘味料	125cc（大さじ 8）

デーツペースト：

デーツ（種を取り、1 カップの水に 30 分浸水する）	2・1/2 カップ
レモン汁	大さじ 1
すり下ろしたレモンの皮	大さじ 1

1 デーツペーストは、デーツを戻した水を含む全ての材料を、フードプロセッサーで滑らかになるまで回します。フードプロセッサーが、きちんと回転するよう、水が足りなければほんの少し加えて調節してください。
2 オーブンを 180 度に予熱し、型に薄くオイルを塗るか、オーブンペーパーをしいておきます。
3 オートミールクラストは、オートミール、クルミ、塩をフードプロセッサーで粉末状になるまで回します。
4 フードプロセッサーを回しながら、ココナッツオイルとメープルシロップを、ゆっくりと加えます。
5 全体が混ざったらボウルに移し、ひとまとめにします。
6 型にオートミールクラストの半量を敷きしっかりと押し込みます。
7 その上からデーツペーストの全量を伸ばし広げ、最後に残りのオートミールクラストを均等にのせ、表面が均一になるように、しっかりと押し込みます。
8 オーブンに入れ 30 分ほど、色づくまで焼きます。

グラノーラ

手作りグラノーラは、意外と簡単で、市販のものより断然美味しい！ お好みのスパイス、チョコチップ、ドライイチジクやアプリコット等、バリエーションは無限大です。お好みのミルクとお楽しみください。1ヵ月以上持ちます。

材料：9カップ分

オートミール	450g（6カップ）
メープルシロップ	125cc（大さじ8）
ココナッツオイル（固まっている場合は溶かす）又は好みのオイル	125cc（大さじ8）
好みの種（ごま、ひまわりの種、かぼちゃの種等）	1カップ
好みのナッツ（アーモンド、クルミ、ヘーゼルナッツ等）	1カップ
塩	小さじ1/2
ドライココナッツ	1/2カップ
レーズン	大さじ4
デーツ（種を取って刻む）	大さじ4
シナモンパウダー又はバニラエクストラクト	小さじ1

盛り付け：

豆乳又はライスミルク又はナッツミルク	適量

1. オーブンを150度に予熱し、天板に軽くオイルを塗るか、オーブンペーパーをしいておきます。
2. オートミール、メープルシロップ、ココナッツミルク、種、ナッツ、塩をボウルで良く混ぜます。
3. 天板に均等に広げ、1時間ほど、全体が色づくまで焼きます。均一に焼きあがるよう10〜15分ごとに全体を混ぜながら焼きます。天板の端が焦げやすいので注意しましょう。
4. 好みで豆乳又はライスミルク又はナッツミルクをかけていただきましょう。

> **メモ：**
> オーブンが無い場合はフライパンで、焦げないように時々混ぜながらごく弱火で焼きます。

チョコレートバナナマフィン

チョコレートとバナナは"間違いない"ゴールデンコンビ。できたでのオーブンからの香りはたまりません。粉ものと、液体を分けて準備する、ビーガンデザートの基本となる、テクニックです。ポイントは、ドライ材料と、ウェット(液体)材料を混ぜたらすぐにオーブンへ。ふっくらとした美味しいマフィンが出来上がります。

材料：6個分
ドライ材料：

小麦粉又はスペルト粉	200g
ベーキングパウダー	大さじ1
塩	小さじ1/4

ウェット（液体）材料：

メープルシロップ	120cc
ココナッツオイル（固まっている場合は溶かす）又は好みのオイル	80cc
豆乳又はライスミルク又はナッツミルク	50cc（1/4カップ）

ビーガンチョコレート（刻む）	1/2カップ分
バナナ（小さく切る）	1/2本

1 オーブンを180度に予熱し、マフィン型に軽く油を塗ります。
2 ドライ材料をボウルにふるい入れます。
3 ウェット材料を別のボウルで合わせてから、ドライ材料のボウルに加え、全体軽く混ぜます。
4 刻んだチョコレートとバナナを混ぜ込みます。
5 マフィン型に生地をスプーンですくいながら入れます。
6 オーブンに入れ、30分ほど、色づくまで焼きます。竹串を中心に刺してみて、生地がついてこなければ焼きあがりです。

> メモ：
> ビーガンマフィンは、卵を使っていないので、その日に食べきることをおすすめします。翌日になると、少しぱさぱさしてしまうので、薄くスライスして、トースターで焼いて、ビスコッティ感覚で食べるのも良いでしょう。

ピーナッツバター&ブルーベリージャムスコーン

もう一つの、ゴールデンコンビネーション、ピーナッツバター＋ジャム！誰もが、子供時代にタイムトリップすること間違い無し。大人も子供も大喜びの、スコーンです。マフィンと同じテクニックを使います。違いは液体の量、これがスコーンか、マフィンかを決定づけます。ビーガンの焼き菓子って実はとっても簡単でしょ。

材料：6個分
ドライ材料：

小麦粉又はスペルト粉	200g
ベーキングパウダー	小さじ 1・1/2
塩	ひとつまみ

ウェット (液体) 材料：

メープルシロップ	50cc（1/4 カップ）
ココナッツオイル（固まっている場合は溶かす）又は好みのオイル	50cc（1/4 カップ）
豆乳又はライスミルク又はナッツミルク	50cc（1/4 カップ）
ピーナッツバター	大さじ 3
ブルーベリージャム	大さじ 3

1 オーブンを 180 度に予熱し、天板に軽くオイルを塗るか、オーブンペーパーをしいておきます。
2 ドライ材料をボウルにふるい入れます。
3 ウェット材料を別のボウルで合わせてから、ドライ材料のボウルに加え、全体を軽く混ぜます。
4 ピーナッツバターとブルーベリージャムを軽く混ぜ込みます。
5 大きめのスプーンですくいながら、天板の上に 6 等分、スコーンの形に落とします。
6 オーブンに入れ、20〜30 分ほど、色づくまで焼きます。竹串を中心に刺してみて、生地がついてこなければ焼きあがりです。

簡単チョコレートパイ

私は豆腐スイーツを食べ過ぎて、豆腐になっちゃうくらい豆腐が大好きな時期がありました。
このタルトはそのくらい美味しいので、食べ過ぎに気をつけて！

材料：直径 23 cm のパイ 1 台分（18cm のパイ型を使用する場合は約半量でできます。）

簡単クラスト：

好みのビーガンビスケット又はクッキー	3・3/4 カップ
ココナッツオイル又は好みのオイル	大さじ 2〜4
塩	ひとつまみ

チョコレートムースフィリング：

重しをしてしっかりと水切りをした木綿豆腐（→ P22）	250g
ココナッツシュガー又は好みの甘味料	100g
ココナッツミルク	200cc（1 カップ）
ココナッツオイル（固まっている場合は溶かす）	大さじ 4
バニラエクストラクト	小さじ 1
ビーガンダークチョコレート（細かく刻む）	200g
カカオパウダー	大さじ 2

仕上げ：

好みのフルーツ	適量（オプション）

1. 簡単クラストは、ビスケットをフードプロセッサーで粉末状になるまで回します。
2. ココナッツオイルと塩を加え、全体が均等に混ざるまで回します。（ビスケットの柔らかさによって、ココナッツオイルの量を加減してください。）
3. 軽く油を塗ったパイ型に敷きつめ、フィリングを作る間、冷凍庫に入れておきます。
4. フィリングは、ダークチョコレートとカカオパウダー以外の全ての材料を、ブレンダー（ミキサー）で滑らかになるまで撹拌します。
5. ダークチョコレートとカカオパウダーを加え、ダークチョコレートが完全に溶けるまで回します。
6. 型に流し、表面に好みでフルーツを盛り付け、冷蔵庫で数時間冷やし固めます。

絶品豆腐チーズケーキ

チーズ無しのチーズケーキです、だまされたと思うくらいの絶品です。

材料：直径 23 cm のケーキ型1台分（18cm のケーキ型を使用する場合は約半量でできます。）

クランチークラスト：

お好みのグラノーラ（又は P143 参照）……………	2・1/2 カップ
クルミ………………………………………………………	120g
塩……………………………………………………………	小さじ 1/8
ココナッツオイル又は好みのオイル…………………	大さじ 2
メープルシロップ…………………………………………	大さじ 1

チーズケーキフィリング：

重しをしてしっかりと水切りをした木綿豆腐（→ P22）……	400g
カシューナッツ（2〜4時間浸水し、洗って水を切る）……	100g
メープルシロップ…………………………………………	170cc
レモン汁…………………………………………………	125cc（大さじ 8）
すり下ろしたレモンの皮………………………………	大さじ 1
バニラエクストラクト…………………………………	小さじ 1
塩…………………………………………………………	小さじ 1/2
寒天粉……………………………………………………	小さじ 1
ココナッツミルク………………………………………	150cc（3/4 カップ）

盛り付け：

好みのフルーツ又はフルーツピューレ…………	適量（オプション）

1 クランチークラストは、グラノーラ、クルミ、塩をフードプロセッサーで粉末状になるまで回します。

2 ココナッツオイルとメープルシロップ加え、全体が混ざったらボウルに移し、ひとまとめにします。

3 軽く油を塗ったケーキ型に敷きつめ、フィリングを作る間、冷凍庫に入れておきます。

4 フィリングは、カシューナッツ、メープルシロップ、レモン汁をブレンダー（ミキサー）で滑らかになるまで撹拌します。

5 鍋に寒天粉とココナッツミルクを入れ、常にかき混ぜながら沸騰させてから、弱火にし、1分程煮ます。

6 滑らかにしたカシューナッツのはいったブレンダー（ミキサー）に加え、残り全ての材料も加えて、完全に滑らかになるまで撹拌します。（ゆっくりしていると、寒天液が固まってしまいます。ブレンダーに入れる前に冷めて固まってしまった場合は、水大さじ2程と再度火にかけて溶かしてから素早く加えます。）

7 フィリングをクラストの上から注ぎ、好みでフルーツで飾りつけ、冷蔵庫で数時間冷やし固めます。

キャロットケーキ with 豆腐ホイップクリーム

にんじん嫌いのお子さんを、にんじん好きにさせる魔法のケーキ。スパイス使いがたまりません。とても軽くて栄養満点なので、朝ごはんにももってこいです。ちなみに私の朝ごはんは時々、いやっ、しばしば、ケーキです。

材料：23 × 18cm の型1台分

にんじん（ざく切り）	350g
小麦粉又はスペルト粉	140g
アーモンドパウダー	100g
ベーキングパウダー	大さじ 1・1/2
塩	小さじ 1/4
シナモンパウダー	大さじ 1
ナツメグパウダー	小さじ 1
ココナッツオイル（固まっている場合は溶かす）又は好みのオイル	150cc（3/4 カップ）
メープルシロップ	50cc（1/4 カップ）
クルミ（粗く刻む）	60g
プルーン（ラム酒又はバニラエクストラクト小さじ 2 に浸す）	100g

盛り付け：

豆腐ホイップクリーム（→ P139）	適量

1 オーブンを 180 度に予熱し、型に軽くオイルを塗るか、オーブンペーパーをしいておきます。

2 にんじんをフードプロセッサーに入れ、細かくなるまで回します。

3 小麦粉、ベーキングパウダーをボウルにふるい入れ、アーモンドパウダー、塩、シナモン、ナツメグと合わせます。

4 別のボウルでココナッツオイルとメープルシロップを合わせてから粉類のボウルに加え、にんじん、クルミとプルーン（を仕上げ用に少々残して）加え、全体をよく混ぜます。

5 生地を型に流し込み、オーブンで 30 分ほど、色づくまで焼きます。竹串を中心に刺してみて、生地がついてこなければ焼きあがりです。

6 豆腐ホイップクリームをケーキの上に伸ばし、クルミとプルーンを散らします。

チョコファッジボール

私の一番のお気に入り！ チョコレートとクルミのコンビネーション…、お〜、困った…、美味しすぎてやめられない。

材料：3.5cm のボール 20 個分

クルミ……………………………………………300g
カカオパウダー………………………………… 大さじ 6
レーズン………………………………………… 大さじ 4
バニラエクストラクト………………………… 小さじ 1
塩………………………………………… 小さじ 1/4
デーツ（種を取って刻む）………… 170g 又は適量

仕上げ：

カカオパウダー………………………………… 適量

1 デーツ以外の全ての材料を、フードプロセッサーで細かくなるまで回します。
2 フードプロセッサーを回しながらデーツを少しずつ加えます。
3 全体が混ざったらボウルに移し、ひとまとめにします。
4 手で小さなボール状に丸めます。
5 仕上げにカカオパウダーでまぶします。

ピーナッツバター・ボール

ピーナッツバターが嫌いな人っているのかな？ それは、何でも美味しくさせる隠し味です。はは、案外冗談ではないですよ。だって、私がこれを作ると決まって、誰もがその美味しさの秘密を知りたがるんだもの。イエス、秘密はピーナッツバターです。

材料：3.5cm のボール 20 個分

好みのグラノーラ（又は P143 参照）　2・1/2 カップ
ドライココナッツ………………………　1・1/4 カップ
ピーナッツバター………………… 125cc（大さじ 8）
オレンジマーマレード………………………… 大さじ 4

仕上げ：

ドライココナッツ（パウダーにしたもの）……… 適量

1 グラノーラとドライココナッツを、フードプロセッサーで細かくなるまで回します。
2 ピーナッツバターとオレンジマーマレードを加え、全体が均一に混ざるよう回します。
3 全体が混ざったらボウルに移し、ひとまとめにします。
4 手で小さなボール状に丸めます。
5 仕上げにココナッツパウダーでまぶします。

用語集

アマランサスは南米原産のハゲイトウの仲間、ヒユ科、ヒユ属の一年草で、ヒエ、アワ、キビといったイネ科の雑穀とは別の「擬似雑穀」です。（イネ科でなく種子を食用にするので、そう呼ばれます）。タンパク質、カルシウム、食物繊維などを多く含み、栄養価の高い食品です。

カレーリーフは、インド原産で独特の香りがあり、香辛料として南インド料理によく使用されます。

キヌアは、南米アンデス原産、ミネラル・食物繊維、必須アミノ酸を全て含む栄養バランスの優れた植物です。イネ科でなく種子を食用にするので、そばと同じく「擬似雑穀」と呼ばれます。

クスクスは、北アフリカ発祥の粒状小麦。熱湯にしばらく浸すだけで食べられるので、便利な食材でもあります。特にスープやシチューと良く合います。

ココナッツシュガーは、ココナッツの花蜜糖。黒糖のようなコクがあり、アジア料理に多用されます。血糖値上昇指数が比較的低い甘味料です。

スペルト粉は、現代の普通小麦の原種にあたる古代穀物で、普通小麦より、ビタミン・ミネラル分が豊富で、香りがよく、普通小麦よりも、消化され易いのが特徴です。小麦アレルギーが発症しにくいとされ、普通小麦よりは、グルテン含有率が少ない小麦です。

甜菜糖は、砂糖大根からとれる甘味料。寒冷地方で生産されるため、キビ砂糖に比べて体を冷やす効果が少ないとされています。

ラギは、アフリカやインドで良く食される黒きびで、シコクビエとも呼ばれます。たんぱく質と鉄分が豊富で黒いマスタードシードのような見た目です。

スピルリナは、36億年以上も前から存在する微細藍藻。たんぱく質含有率が60％と高く、その他あらゆる栄養価と含み、栄養補給と免疫力強化に効果を持つとされてれいます。

イエローダール豆（皮むき緑豆）は、甘味があってナッツのような風味があり、インドでは一番登場の多いダール豆の一つです。イエローダール豆（皮むき緑豆）がなければ、レンティル豆やひよこ豆、金時豆等、入手し易い豆で代用しましょう。

テンペは、インドネシアが起源の大豆を加工テンペ菌で固めたもので、大豆に比べ、醗酵の過程により消化されやすくなっています。独特の香りを持ちます。

ニュートリショナルイーストは、サトウキビと糖蜜で作られた殺菌済みの酵母です。チーズのような風味があり、ビーガンの間でチーズの代用として人気があります。風味はややかわりますが、白味噌で代用可能です。

*Thanks to all my friends,
I receive lots of love and power
by sharing yummies with you!!*

たくさんの愛とパワーをありがとう！

SAYURI's Food for Yogis & Everyone

SAYURI's
Food for Yogis & Everyone

発行日	8月20日 初版発行
著者	田中さゆり
発行人	吉良さおり
発行	キラジェンヌ株式会社 〒151-0073 東京都渋谷区笹塚 3-19-2 青田ビル 2F TEL：03-5371-0041　FAX：03-5371-0051
印刷・製本	株式会社 千代田プリントメディア

定価はカバーに表示してあります。
落丁本・乱丁本は購入書店名を明記のうえ、小社あてにお送りください。送料小社負担にてお取り替えいたします。本書の無断複製（コピー、スキャン、デジタル化等）ならびに無断複製物の譲渡および配信は、著作権法上での例外を除き禁じられています。本書を代行業者の第三者に依頼して複製する行為は、たとえ個人や家庭内の利用であっても一切認められておりません。

©2015 KIRASIENNE.Inc
Printed in Japan
ISBN978-4-906913-42-8